LOCUS

LOCUS

LOCUS

LOCUS

媒體的未來

溫世仁・莊琬華／著
蔡志忠／繪圖

明日工作室
侯吉諒
劉叔慧
莊琬華
聯合製作

tomorrow 08
溫世仁 監製

媒體的未來

溫世仁・莊琬華／著・蔡志忠／繪圖
流程控制：莊琬華・姚人瑋
製作：明日工作室

法律顧問：全理法律事務所董安丹律師
出版者：大塊文化出版股份有限公司
台北市117羅斯福路六段142巷20弄2-3號
讀者服務專線：080-006689
TEL：(02)29357190　FAX：(02)29356037
信箱：新店郵政16之28號信箱
郵撥帳號：18955675　戶名：大塊文化出版股份有限公司
e-mail:locus@locus.com.tw

行政院新聞局局版北市業字第706號

總經銷：北城圖書有限公司
地址：台北縣三重市大智路139號
TEL：(02)29818089 (代表號)
FAX：(02)29883028　29813049

初版一刷：1999年3月
定價：新台幣150元
ISBN 957-8468-80-6
Printed in Taiwan

明明德　日日新

明日工作室宣言

歷史的演變和進動，人，是最大的因素。任何創造或毀滅，成功或失敗，都源自於人和人的行爲。挑戰自己的極限，朝更美好的未來邁進是人類的天性。

試圖擺脫自己個人狹隘的自我、血統、地域的觀念囚牢，而令自己能自由地通行於時空之中不爲其所困囿，打造出更美好的明天和未來，相信這是所有人類共同的期望，而這也就是我們成立明日工作室的原因。明日工作室集合了很多優秀的人才，成立了專業寫書、著作的團體。期望能寫出一些對人類的未來和理想有益的書。

明日，有兩種意思。

一個就是明天TOMORROW，未來的理想、目標像似很遙遠……而明日，就比較眞實，人人都能比較清楚的掌握。我們要打造美好的明天，今天就應該開始做。

明日的另外一個意思是『明明德、日日新。』

明明德，就是知道過去、未來；知道倫理、文化和世間的規則；知道理想、目標。善用過去原本具有的知識、智慧等人類的共同資產，並遵循久遠以來的道德規範。

日日新，就是每天除去一些過去的錯誤觀念與缺點，每天學得新知識、技能，使自己慢慢朝向更完善的境界更接近一點點，向更美好的光明未來進化、躍昇。

就像三百多年前牛頓曾說：『我會有少許成就，是因爲我正踩在巨人的肩膀上。』過去人類所積累的知識和無數的智慧結晶，是人類的共同資產，也是牛頓所說的巨大的肩膀。明明德就是有效的運用巨人的肩膀，並遵奉過去所傳承下來的良好道德規範。日日新就是日復一日永續地朝向更美好的明日邁進，以上是我們成立明日工作室的理想，也是我們寫作出書的方針，歡迎有志一同的人加入明日工作室，來和我們一起共同「打造美好的明日」。

明日工作室

專業寫作公司

創 辦 人	溫世仁	蔡志忠
副總經理	侯吉諒	
主　　編	劉叔慧	
編　　輯	侯延卿	楊雅雯
	劉叔秋	姚人璋
	張成華	
助理編輯	莊琬華	
秘　　書	李雨澄	劉叔虹

電話：02-25703668

傳眞：02-25790449

郵政信箱：台北郵政36-403號信箱

E-mail：tpoffice@tomor.com

網址：www.tomo.com
www.tomorrowstudio.com,tw

【序1】
興奮期待媒體的未來

賴東明
（賴東明，聯華廣告公司董事長）

溫世仁副董事長的一場演講，獲得了全場聽眾的讚佩，即是去年（1998）十月二十七日在東京所舉行的MCEI亞洲會議場上。他的講題是「媒體的未來」。

MCEI是MARKETING-COMMUNICATIONS EXECUTIVES INTERNATIONAL的略稱，是由歐洲、美洲、亞洲等十一個都市的行銷傳播實務界專業人士所組成的國際性組織。台北有中華民國行銷傳播經理人協會（MCEI TAIPEI）的組織。

去年聆聽溫副董事長的演講在先，今天又拜讀其大作《媒體的未來》在後，實在榮幸之至！

本書描述了媒體的功用、媒體的項目、媒體的容器、媒體的傳播，以及媒體的未來。結構是嚴謹的，內容是豐富的，而寫法是輕快的，會使人愛不釋手，正如他的演講引人入勝。

本書從日常生活的角度切入，使人感受人人（whoever），在時時（whenever），於處處（wherever），對事事（whatever）均需運用（however）媒體，以求取溝通的達成，以實現相處的和諧。

本書也以電腦爲主軸，來說明電腦在當今溝通的重要角色，並預測未來溝通的終極產品，而令人有一種興奮的期待感！

本書更描述了將來的世界狀況，可借重媒體來開個個人公司（one man company），過過當老闆的快樂；也可演個個人舞台（one man show），嚐嚐當主角的樂趣。

總之，本書告知人人可從受媒體支配轉成主導媒體，人人可不出門而知天下事。人人將會是主角，將會是秀才，但是，是否有當主角的條件，是否能具秀才的水準，則有賴作者再著書開示了。什麼樣的主角條件，什麼樣的秀才水準，才能使媒體在社會溝通上、社會和諧上，產生正面意義，除去負面現象，實在令人期盼。

【序2】

媒體創造地球村

李大維
（李大維，中華民國外交部政務次長）

今年初，一家國外通訊社刊登了一篇模擬未來媒體記者隨身配備的報導。在圖片說明中，可以看到記者穿著軍服，背著衛星天線，身上帶著太陽能衛星行動電話，可以隨時隨地利用衛星電話上網、傳輸稿件至所屬媒體總部的手提電腦，還有一大堆令人想像不到的複雜配備。

總之，未來的媒體記者，需扮演「個人活動通訊社」的功能；攜帶著先進科技設備，用己之力，排除可能的障礙，從世界上任何角落傳輸訊息。其實，運用最新科技的現代媒體，已經有能力達到未來媒體的多數功能，只不過現代媒體配備的體積大了些，搭配的人力很難只靠一位，花費也較昂貴，也尚未普及。不過我有許多從事科技研發的朋友告訴我，未來新媒體不僅限於資訊的傳播，功能將更多元，體積更小，可以用更簡化的方式控制，不用背著大包小包的東西到處跑。

一年多前，我還擔任新聞局長時，因緣際會地碰上國內各媒體爲因應新科技而轉型的快速變化，對媒體未來的發展將更深入影響民眾生活也有些體會。但是，卻一直未發現國內有本容易閱讀的專書，可以把最新的媒體發展，有系統地介紹給一般讀者。

現今，溫世仁兄的這本新著《媒體的未來》適時問世，剛好可以補足這項缺憾，除了介紹古往今來的媒體和傳播形式外，也爲一般讀者具體而微地描繪出未來媒體如何結合新科技，並便利生活的美好願景。

一九六四年，加拿大著名的傳播學者麥克魯漢（Marshall McLuhan）在《了解媒體——人的延伸》這本書中，提出了「媒體即訊息」（The medium is the message.）的概念。麥克魯漢認爲媒體是「人的延伸」，不同媒體就代表不同的訊息，也創造並控制了人類關係與行動的範圍和形式；影響所及，也從個人擴大到整個社會，世界各角落也可藉媒體的聯繫，成爲緊密相通的地球村（global village）。

三十多年前的世界，收音機、電視和電話都還算是稀有的奢侈品，電腦更是少數「先進」實驗室裡未成熟的龐大計算工具。因此，麥克魯漢當時的說法，毋寧是一種不著邊際的「預言」，雖然電視或電話改變了訊息傳播和生活方式，但一般人很難想像，媒體眞有那麼大的影響力，可以左右人類的生活。

媒體是科技的產物，麥克魯漢這套媒體「科技決定論」提出後，遭到不少批評，有人認爲他太過膨脹媒體的影響力。但曾幾何時隨著科技不斷更新，媒體也與時俱進，在不同階段逐步介入人類的生活，而且時程越來越縮小，「地球村」的比喻已不足以形容新媒體所能拉近的人類距離，而麥克魯漢的說法似乎也不能再用「預言」輕率視之。例如從電報演進到電傳打字機花了上百年，但傳眞機普及也不過是這十多年的事；四、五年前，網際網路還是新鮮的名詞，現不懂得利用網路，就眞的是遠遠趕不上潮流的ＬＫＫ。

溫世仁兄的這本新書，深入淺出地介紹了在不同階段影響人類生活的各種媒體。他在每一章節，都根據不同媒體存在和發展的時間進程，先從媒體縱向出現時間的先後順序分類，再以橫向的媒體發展探索其影響；而從最早的媒體傳播形式，到現代的衛星電視或（寬頻）網際網路、隨取視訊，每一章節都佐以生活化或配合所介紹媒體特性的範例及典故，讀者應不難從這些細心的編排中，快速消化一頁完整的媒體發展史。

不過，若僅把此書當成一本現代媒體科技的介紹，就低估了作者的實力和企圖心。當初，麥克魯漢或許只是「預言」科技與媒體結合的影響力，但在我國電腦科技界早已頭角崢嶸的溫世仁兄，顯然不願當一位憑空畫餅的預言家，而是切實根據目前仍限於聽覺及視覺的媒體科技發展現況，勾勒出未來媒體可能納入的嗅覺、味覺及觸覺等虛擬眞實的情境，這也是本書的一大特色和目的。

誠如溫世仁兄所指出的，未來世界只需要多媒體隨身網路電腦（PDA）、多媒體筆記型電腦與寬頻無線網路等組成未來媒體架構的「三寶」，就可以達到資訊流通既快速又方便的目的。以現今科技發展的速度，「未來」顯然不遠，而任何人也可以利用溫世仁兄提到的

「三寶」，在任何時候、任何地方得到要的任何東西，並依照他想要的方式處理。

一切似乎就能在彈指間掌握，未來的媒體眞令人期待。

目錄

第七章：媒體產業的未來 187

20

媒體的未來

【自序】媒體的影響力

溫世仁

世界上有一個很有智慧的組織，叫做「羅馬俱樂部」，是由歐、美、日等地一群智慧人士所組成，他們主要是預測未來的世界。幾年前，「羅馬俱樂部」出了一本書叫《第一次全球革命》，書中預言二十一世紀有三股影響人類最大力量，而其中之一就是「媒體」。

「媒體」每天都出現在你我身邊，左右著我們的生活方式，甚至影響著我們的情緒與判斷，但是我們對媒體到底有多少了解？它是如何發展出來的？今後的走向與未來的發展趨勢又是如何？爲什麼它會成爲二十一世紀最有影響力的三股力量之一呢？這些不只是對正在從事及有志從事媒體行業的人很重要，對一般人來說，也是與每日生活息息相關的事。本書所要闡述的內容就是「媒體」本身，它的過去、未來，以及媒體與科技結合對人類的影響。

另外，本書的寫成也是「明日工作室」一個新的嘗試，除了我自己以科技背景和經驗寫成原稿外，再由莊琬華小姐補入新稿，琬華是今年將從政治大學新聞研究所畢業的碩士生，今年二十五歲，年紀比我足足少了一半，是標準的新人類，所以這本書可以說是由不同背景的兩代人寫成的，這也正是我的原意，一方面讓年輕一代的人參與預測未來，因爲我們所想像的未來，將是他/她們的生活及生命歷程，一方面希望能適應更多年齡層的讀者，另一方面也在實現「明日工作室」所提倡的「書的集體創作時代即將來臨」的構想。

琬華雖然年輕，在書中卻有頗多自己的觀察和創建，書中第六章「未來的一日」就是她獨立構思出來未來可能的生活方式，對現在上了年紀的人來說，也許不可思議，但是人類的進步往往源自於大膽的想像，記得小時候大人告訴我們不可以用手指指著月亮，得罪月神耳朵會被割裂，而就在我二十一歲那年（一九六九年），人類正式登上了月球。今天科技進步的速度，已遠超過我們生命成長的速度，而媒體正站在科技的肩膀上高速前進，對媒體的未來有適當的了解，可讓我們更從容的進入二十一世紀。

【前言】

生活在媒體中

人類自古即以群居方式共同生活，當兩個以上的人聚集在一起時，爲了表達自己及了解他人，就產生溝通的需要，因此，人類開始利用各種媒體作爲溝通工具，並且發明各種方法來傳達和紀錄溝通的過程與結果。

早期人與人之間通常只能依靠面對面的語言交談，或者書面文字進行溝通，而隨著科技的發展，現今人類溝通的媒介變得更多樣，溝通方式也更複雜，但是卻也更方便、簡單。

現代人每天早上起床後，通常習慣一邊吃早餐，一邊看電視或報紙；上班途中，不論開車或者搭公車，也可能會看報紙或聽廣播來消磨時間；到公司準備開始工作，公文架中可能堆著許多待處理的公文，爲了確定進度或者找尋相關人員，就必須利用電話連絡；如果使用電腦工作的人，打開電腦後難免看到一堆尚未閱讀的電子郵件；偶爾還必須上網路查詢資料，蒐集之後還得做彙整；接著是應付開不完的會議和簡報。

當忙碌的一天結束後，如果想要放鬆一下，也許會到一家氣氛舒適、音樂悅耳的餐廳吃頓飯，或者到Disco舞廳、Pub狂歡一晚，另一選擇就是到KTV高歌一曲。

由此來看，現代人的生活周遭可以說環繞著許許多多、各式各樣的媒體工具，這些工具，不但構成我們生活的內容，也決定了我們認識世界的方法。如果有一天，報紙、電視、收音機、文件、電話、傳眞機、電腦、網路、KTV等都消失了，整個生活會變成什麼樣子？而如果這些圍繞著我們日常生活的媒體工具產生變化，對我們的生活又會帶來什麼影響？

英國文化研究學者雷蒙・威廉士（R. Williams）在《電視：科技與文化形式》一書中，以電視爲例，討論科技與社會文化的關係，他談到當代主要觀點，一是科技決定論，也就是科技的發展必定使社會文化產生質變，持此論點的學者認爲，電視這項科技的產物，創造出現代人的生活環境與認知；第二種觀點是將科技和其他因素並列，共同促成社會文化的改變。

雖然這兩種觀點對社會文化與科技發展的關係，有不同的推論，但無論如何，科技的進步帶動媒體工具的進步，媒體工具的進步會影響人與人之間溝通的方式，也影響我們的生活。既然我們生活在媒體之中，各項活動都與媒體工具息息相關，因此我們必須更仔細地了解媒體是什麼，以及媒體未來的發展。

第一章

媒體：人與人溝通的工具

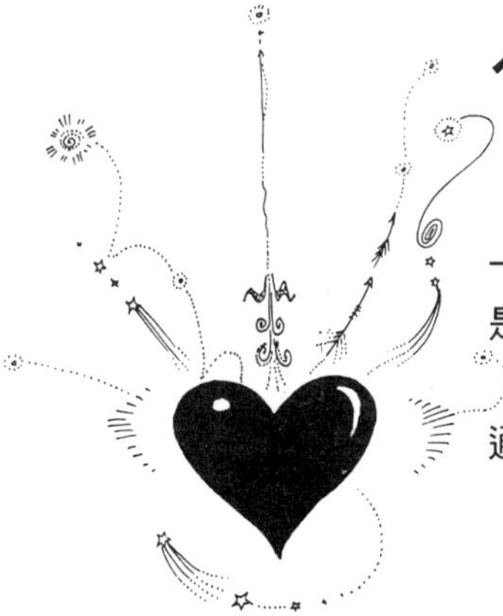

對我們而言，「溝通」是很重要的一件事，希臘哲學家亞里斯多德說「人是社會性動物」，「社會」（social）一詞即指人與人之間必須進行溝通，而溝通，就需要有效的媒體。

漫畫家蔡志忠曾畫過一則漫畫，一個原始人甲看到一隻大象，回到洞穴後，甲想要把他看到的動物告訴洞穴中的原始人乙，於是他拼命地比手畫腳，但是「說」了半天，原始人乙還是不知道甲看到的動物長什麼樣子。原始人乙無法了解甲所描述的動物，是因爲他們之間缺乏一種可以有效溝通的媒體。

對我們而言，「溝通」是很重要的一件事，希臘哲學家亞里斯多德說「人是社會性動物」，「社會」（social）一詞即指人與人之間必須進行溝通，而溝通，就需要有效的媒體。

目前我們用以溝通的媒體可以分爲聲音（Voice）、圖像（Graphic）、文字（Text）、音樂（Music）、動畫（Animation）、影像（Video）。

以下，我們就分別詳述這六種媒體的特質與應用。

六種媒體

簡單來說，媒體是人與人溝通的工具。我們一般可以藉由六種媒體進行溝通，這六種媒體分別是：聲音（Voice）、圖像（Graphic）、文字（Text）、音樂（Music）、動畫（Animation）、影像（Video）。

一、聲音

在語言文字出現之前，人類就已經開始透過非語文的溝通系統，如觸覺、嗅覺、或視覺來傳遞意義，這種溝通方式包括各種身體運動如手勢、面部表情或者動作，也包括某些訊號如火光或者標示；此外也透過和語言相關的原始聲音符號來進行溝通，例如笑聲、哭聲、呼喊聲等。

電影《森林之王》中，森林之王泰山和動物之間就是用聲音來溝通。當泰山想要召集森林裡的動物時，他只要扯開喉嚨，「喔～喔喔～喔喔喔喔～～～」地開始喊叫，不一會工夫，所有動物都集中到泰山面前。

在電影中，泰山是以英文和動物溝通，但是實際上，他應該是以「動物的語言」來和動物溝通。動物的語言，可以說是種原始、單純的「聲音媒體」，像鳥的嘰嘰喳喳、狗的吠叫等等。而人類也同樣會以聲音來傳達訊息，笑聲代表快樂、哭泣聲代表悲傷。

但是非語文的表意系統所能傳達的訊息有限，隨著人類歷史的行進，語言傳播取代了原始叫

喊、手勢、或者標示符號，從純粹的聲音演變至語言的速度非常緩慢。由現在保留的文字紀錄看來，蘇美人的語言約出現在西元前四千至三千五百年左右，中國人則約在西元前兩千年才開始使用語言，但可能當時的語言已經相當成熟了。

語言，其實就是系統化的聲音符號，除了可以表現簡單的訊息，也使人類可以進一步思考抽象概念。語言使溝通變得更方便，也能傳達更多、更複雜的訊息，並可以流傳，不受時間和空間的限制。

雖然我們現在大部分使用語言作爲溝通媒介，較少使用單純的聲音，但是我們仍會以某些簡單的聲音來進行溝通。例如三長聲加兩短聲的警報，是指「有敵人來襲，儘速尋找掩護」；學校裡小朋友最喜歡聽到的下課鐘聲代表課程告一段落，小朋友可以到操場打球或者可以吃便當了。這些都是互動雙方以聲音作爲溝通媒體，進行各項活動。

二、圖像

文字還沒發明以前，另一重要的溝通媒介就是圖像。

在許多史前遺跡中，我們可以發現早期人類留下的壁畫，例如在法國南方拉斯科洞穴中，有一幅彩繪在石灰岩壁上的獸類圖畫，畫中所有動物都栩栩如生，有些野獸身體微曲，剛猛有力，似乎正要躍出畫面；非洲東南部布希曼族（Bushmen）發現的史前洞穴中，也有一幅描繪穿著白衣曼舞的女性，同一地點發現的另一幅畫則是描繪獵人齊備弓箭，成群結隊在草原上狩獵的活動。對於這些壁畫存在的原因，考古學家有多種解釋，有些學者認爲這些畫作是史前人類爲了記錄他們的生活所留下的，也有些學者認爲這是早期人類爲了保存部落傳說，或者教育下一代而產生的。

雖然現今尚未能理解這些壁畫的眞正意涵，但可以確定的是，壁畫的目的是在傳達訊息。即使到了文字發明後的文明時代，圖像仍是人類重要的溝通媒介。

在古代中國，能接受教育的人不多，但是親人離鄉背景、遠赴外地謀生者所在多有，彼此總會有無盡的思念，他們雖然不會使用文字，但是卻能以其他方式來訴說想念。有個故事是一個婦人的丈夫從商遠行，久未見面，她非常思念丈

夫，於是寫了封信，信中並無隻字半語，只見大小圈兒綿綿密密。後來有人嘗試用文字寫出那些大小圈圈所要表達的內容：「相思欲寄從何寄，畫個圈兒替。話在圈兒外，心在圈兒裡。我密密加圈，你須密密知儂意。單圈兒是我，雙圈兒是你，整圈兒是團圓，破圈兒是別離，還有那說不盡的相思，把一路圈兒圈到底。」這封信的內容因此流傳為一則美麗的傳說。

這就是利用簡單的圖像來傳達思念之情。

前一陣子台灣的八點檔連續劇《還珠格格》，造成極大的轟動，本來名不見經傳的大陸女演員趙薇，因為飾演粗枝大葉、率眞可愛的小燕子，成為新世代的偶像明星。其中，有段劇情是大字不識幾個的小燕子進宮後，非常思念好友紫薇，有好多話想跟紫薇說，並要請求她的諒解，但是要她寫封信好比要她的命，寫個句子就要揉掉幾十張紙，於是小燕子靈機一動，拿著筆開始在紙上畫起圖來了。

當大夥兒打開小燕子的信，只見第一張圖上有一隻燕子與一朵花，第二張圖上有四個人及一隻受傷的燕子，第三張圖則是燕子躺在床上，一旁有人照顧著，第四張圖畫有一隻燕子啣著一頂格格的頭冠，還有一些奇奇怪怪的畫，看得大家一頭霧水不明所以，此時只見紫薇輕輕吟出：

「滿腹心事何從寄，畫個畫兒替
小鳥兒是我，小花兒是妳
小鳥兒生死徘徊時，小花兒淚灑傷心地
小鳥兒有口難開時，萬歲爺錯愛無從拒
小鳥兒糊糊塗塗時，格格名兒已經昭天地

小鳥兒多少對不起，小花兒千萬別生氣
還君明珠終有日
到時候，小鳥兒負荊請罪酬知己」

聽者無不爲此動容落淚，並因紫薇與小燕子之間那份無可替代的默契而訝異。

不僅原始人類或不識字的人需要用圖像來表達意思，我們的生活環境中，也有許多用來表達意思的圖畫。例如隨處可見的交通號誌，就是以圖像來進行溝通，藍色的方形加上白色箭頭的符號，代表「單行道」，如果是三角形的紅色邊框中間畫有懸崖落石，這是警告過往行人或車輛，經過此處要注意落石；如果是紅色的圓形中間劃一槓白色線條，我們都知道，這是指「禁止進入」。

亙古以來，人類都是依靠圖像
來敘述或記憶的……
一隻大怪物，有腳有尾有牙有耳有鼻……
在講啥米碗糕？
1
長得就像這樣…
是象啦！
2

除了人類外，其他的生命也是
依靠圖像來記憶的，而不是依靠語言文字……
我住在矮叢區雜木里白楊樹上三段右小枝第五顆果號。
聽得霧煞煞…
1
我住在這裡。
一目了然！
2

在照相技術發明之前，繪畫是人類非常重要的紀錄工具，無論中外，繪畫藝術的產生，都是爲了紀錄當時的生活並傳達某些思想或宗教的教化，之後才成爲純粹的藝術創作。

除了上述的圖畫或者符號之外，拜科技發達所賜，現在我們常常使用的圖像還有「照片」，照片能精準的抓住眞實的瞬間，只要有一台相機，任何人都可以快速地製造。因此我們可以拍攝旅途中美麗的風景，讓無法一起同行的朋友欣賞，也可以留存下來，以供回憶之用。在報紙雜誌等新聞媒體中，照片是非常重要的元素，一張好的新聞照片，可以使記者的報導更動人。

但是，圖像的溝通作用還是有些限制，上述漫畫中的原始人甲若是用樹枝在地上畫出他看到的龐然大物，原始人乙就能馬上了解，此時藉助圖像，他們可以進行有效溝通。但是如果有天甲碰到一頭獅子，他想警告乙「獅子很危險，千萬不能靠近」，就難以圖像來表達「危險」的意涵。此時，需要其他的媒體，才能進行溝通。

三、文字

只有圖像或者聲音、語言作爲溝通工具，還是有所限制，因爲圖像較難表達抽象概念，而聲音則容易遺忘而無法完整保留，因此人類必須借助其他媒體，溝通才能更順利、更完整，並且突破時間和空間的限制，有許多證據顯示，文字的出現，起初是古代人類用來彌補自身記憶力不足的方法。

文字最早出現在中東的美索不達米雅平原，這裡的居民大部分從事畜牧或農耕，在此處挖掘出來的泥板銘文上，記載的是穀物和牲口的數量。漸漸地，蘇美人以簡化的線條模擬所指的實物，形成一種象形文字，而後再將若干象形文字組合起來表達一個意思，才形成表意文字。因爲他們用三角形尖鋒的蘆葦筆在泥板上刻印出文字，所以這種文字被稱爲「楔形文字」，是現代西方許多國家所使用的文字的源頭。

最早的書寫符號——文字是用於農牧業的記帳，稍後，文字成爲紀錄口頭語言的體系，最後才成爲表達和溝通思想的工具。大約再過四百年，古埃及也產生獨特的文字系統，現在我們用來指稱古埃及文字的「象形文字」一詞，源於希臘語，意思是「神的文字」，它和楔形文字最大的不同是，一開始

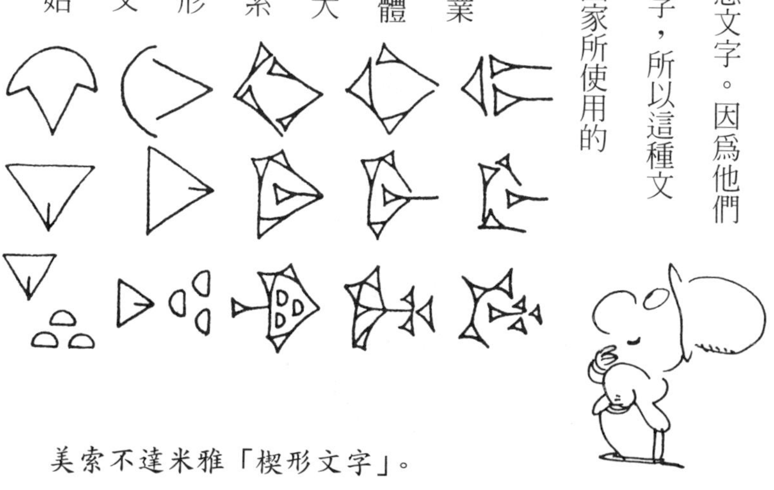

美索不達米雅「楔形文字」。

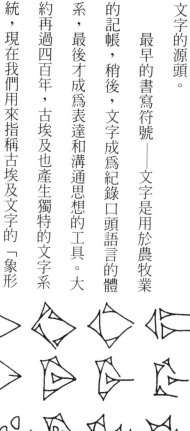

古埃及文字就是書寫文字，它幾乎能紀錄全部的口語，也能表現具體事物和抽象觀念。古埃及人除了將文字用在禮讚和崇拜神祇及法老王外，也用來紀錄他們的歷史及自身的世界和生活如記帳、編纂法典、訂定契約等方面，同時文字也用於文學書寫，古埃及豐富的文學遺產，包括宗教儀式典籍、讚美詩、歷史傳奇、冒險故事、情詩、史詩和寓言等。

但是這兩種文字卻在文明的演進過程中因爲某些因素而不再被使用，現在西方的文字是源於約公元一千年前出現的字母系統，像希臘文、腓尼基文、希伯來文、阿米拉文字，以三十個以內的字母，形成不同排列組合，以產生具意義「單字」。

大約公元前兩千年，中國也發展出文字體系。中國文字同樣是由寫實圖像發展到象徵符碼，仍然保留了相當的圖像要素，所以現在有些字仍能看出與圖畫相似之處，例如「日、月、木、田」等，大致說來，中國文字是一種字符記號，和西方以字母、字音爲基礎的拼音文字有很大的差異，中文的字形中就帶有意義，不論讀或寫，都較西方文字困難，例如光是一個「ㄩˇ」的音，就會有「與、語、雨、羽、禹、宇……」等可能意義，而一個「與」字，也有許多意涵，必須依賴這個字所在的文脈關係，才能得到精確的意義，這種特性豐富閱讀的經驗，也增加文字使用的趣味性。在《世說新語》中就有這樣的故事：

三國時代，曹操做丞相時，有天巡視相府的施工情形，他在門上題了一個「活」字，然後離開。工人們都不知道這是什麼意思，楊修見了便要工人把大門拆掉，改小一點。工人不禁好奇問他曹操說了什麼，楊修回答：「『門』中加『活』不就成了『闊』字，丞相嫌門太大了。」

魏晉時，嵇康和呂中悌爲知己，兩人爲了見面，趕路千里去找對方也不覺得遙遠。有次呂中悌去拜訪嵇康，不巧嵇康出門了，嵇康的哥哥嵇喜出來接待，但是呂中悌沒進去，只提起筆在門上寫了個「鳳」字便離開。嵇康回來後，嵇喜對他說：「呂中悌剛才來找你，他說我是『鳳』呢！」嵇康回答他：「『鳳』字不正是『凡』『鳥』兩個字構成的嗎?他說你是凡鳥，你還不自知！」

如果語言是人類了不起的智慧成就，那麼文字就是人類最偉大的發明。文字記錄了人類悠長的歲月，使人類能夠保存每一時期的智慧資源，能夠分享知識，匯集全體的智慧與發現，在慢慢積累的礎石上繼續攀升。

1
曹操做宰相時，有一天去看相府施工的情形。
闊
2
他在門框上提了一個「活」字，就離開了。
活
3
工人們都不知道這是什麼意思？
活
4
楊修見了便說：把大門拆掉，改小一點。
為什麼？
門中加「活」，不就是「闊」嗎？丞相嫌門太大了。
對啊！怎麼沒想到……

嵇康和呂中悌相知，兩人為了相見，經常趕千里路去找對方也不覺得遠。
有次呂中悌去訪嵇康，不在，嵇康的哥哥嵇喜出來接待。
呂中悌沒進去，僅在門上提一「鳳」字，便走了。
鳳
呂中悌剛才來找你，他說我是「鳳」呢！
「鳳」字正是凡鳥二字構成，你是凡鳥，他笑你還不自知呢！
是呀！
鳳
1
2
3
4

法國語言學者Georges Jean曾說：「文字是一種見證，一種情感和思想的地震儀。它記錄，它翻譯，把思想，也把聲音化為紙上的記號。……文字初看好像只是手段、工具，卻經常發揮奇妙的力量，擺弄著書寫者的意志，令他們不覺產生敬畏之情；彷佛它才是主宰、目的。對於窺見其中奧祕的人來說，文字不只承載人賦予的意義，也有自我創造、衍生的力量。由於文字內在的這種神祕生機，符號會自行生產意義。」

對現代人來說，文字已經成爲十分重要的溝通媒介，語言學家甚至認爲：我們對世界的認知，實際上是由語言文字建構而成的。不管是政治、文化、經濟、社會狀況等等，我們都必須透過文字，才能察覺它的存在。但是我們無時無刻不浸淫在文字海中，往往都忽略了它的重要，以及它對我們的影響。

四、音樂

音樂是文字之外，另一種規律的語言。

音樂來自於聲音，但是自然中存在許多的聲音，如怒濤拍岸的雄偉壯闊聲響、打在樹葉上的細柔雨聲，都不能算是音樂。天籟雖美，但必須是經過人組合、製造，蘊含人類情感的聲音，才是音樂。

音樂可以做爲我們溝通的工具。現在許多原始部落仍然以音樂作爲溝通的方式，當他們要出發狩獵時，戰士擊鼓發出雄壯激昂的樂音；農作收成時，大夥歡欣鼓舞慶豐收，歌聲響徹雲霄。而許多

阿拉伯書法既是文字，又是圖像，又是音樂。

優美動人的山地情歌，則是居住在崇山峻嶺中的戀人，藉由歌聲來互訴情意。

藉由音樂所表現的情感，往往比文字能更直接觸動他人。三國時代，劉琨遭胡騎圍困城中，大家都束手無策，到了晚上，劉琨便登上城牆，仰聲長嘯，嘯聲淒涼，胡人聽了很感動，到了中夜，他又叫人吹胡笳，胡人思鄉情切，不禁掉下眼淚，連著幾個晚上，夜夜胡笳，胡人終於棄守返回家鄉。

胡笳吹奏出來的音樂，對胡人來說，就像遠方家鄉的呼喚，而劉琨藉此告訴胡人，趕快放下武器，回去和家人團聚。兩造之間並沒有透過任何語言文字，但是卻適切地傳達了某種意涵。

單純的聲音很容易在消失後就被遺忘，但是當聲音被規律化，按照一定的排列組合形成音樂後，記憶變得較爲容易，而能流傳到更久遠的年代。在沒有文字的時代，人類發現有規律的音樂可以加強記憶，所以就將一些傳說、宗教的教義等配上音樂，因而增加流傳的範圍與保留的時間。

兩千五百年前釋迦牟尼佛誕生時，印度並沒有文字，一直到兩千年前文字才出現，中間隔了五百年，不過佛陀所傳的訓示並未因他的逝世而消失，因爲當時人們把佛陀所講的道理加上音樂，編成詩歌，而能一代一代地傳誦，直到文字發明

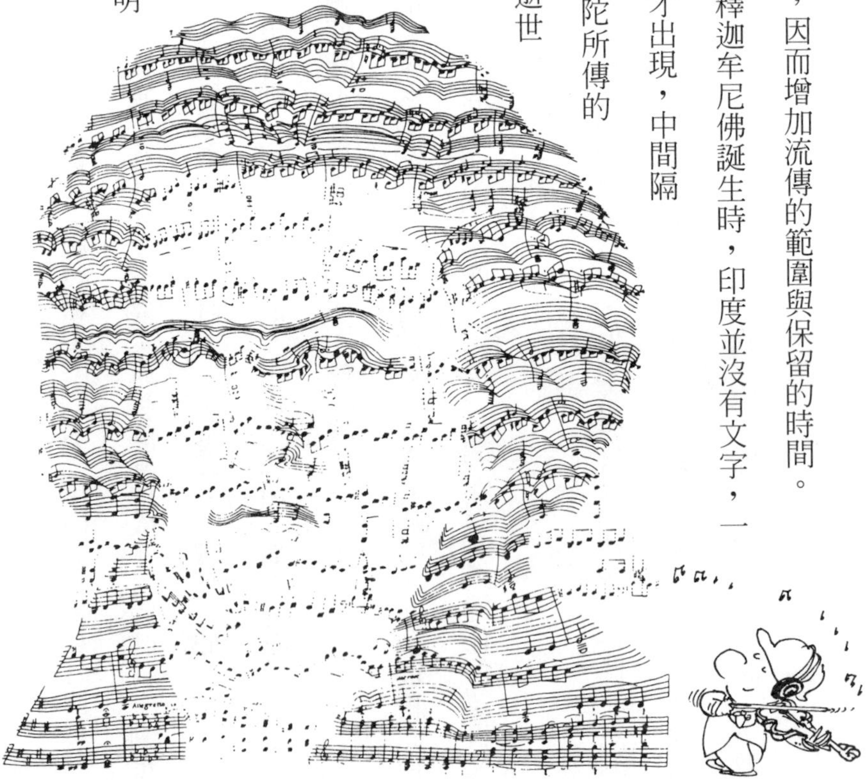

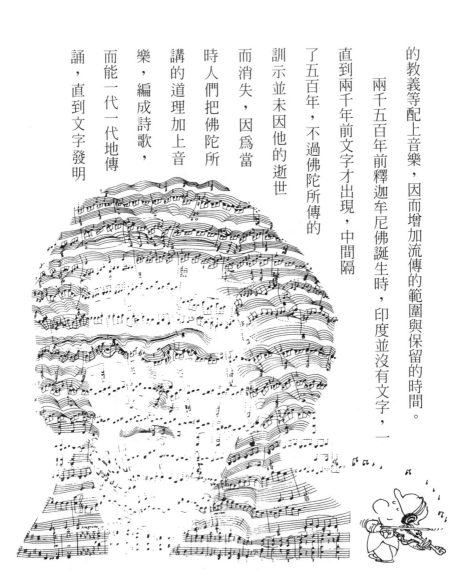

後，記錄下來，流傳至今。

語言文字配合音樂旋律，除了可以表現情感、容易記憶，還可以傳遞思想。有些廣播節目中，會接受聽眾叩應，點播歌曲送給朋友或情人，這成爲一種浪漫的表達情感的方式。

現在有一支紅透半邊天的英國女子合唱團——辣妹合唱團，透過歌聲將她們的「新辣主義」強調女孩的自主、自重與自炫，也強調放縱的快樂與自由——傳遍全世界，並引起一股勁暴旋風。

旋律加上文字，像現在的流行歌曲，是以音樂爲基礎的另一種溝通方式，畢竟，單獨使用一種媒體的情況比較少，而且音樂在現代的使用，也大都不像原始使用那樣純粹了。

五、動畫

一張單獨的繪畫或圖像，就可以表達許多意思，而把很多繪畫圖像結合起來，加上情節的安排，自然就成爲一種非常有力的溝通媒體，那就是動畫。

美國著名的卡通公司迪士尼，在一九九八年推出一部動畫電影《花木蘭》，將中國家喻戶曉的傳說，藉由動畫重新詮釋，在世界各地都有很好的票房。暫且不論其中的意識形態或者史實正確與否，觀賞此片的人無不從頭笑到尾。片中花木蘭時而頑皮可愛，時而溫婉動人，卻又勇氣百倍，智退匈奴大軍，又不畏兇險擊敗單于，救出皇帝，那條好動又有點愚蠢、自大的木須龍，總是笑料百出，「幸運蟋蟀」倒也眞的帶了點幸運，總之，這部片吸引了大家的目光，也讓大家明白，女性也有過人的才幹。

用動畫進行溝通，是近代才有的方式。中國早期的皮影戲，歐洲的走馬

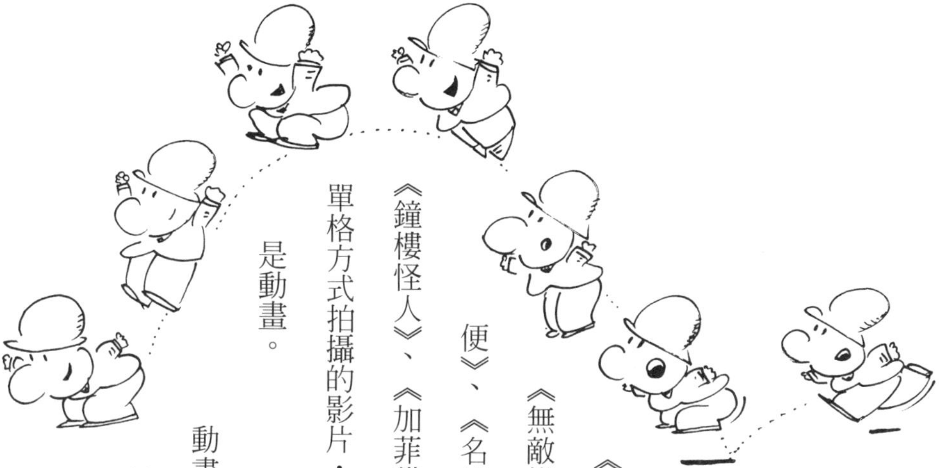

燈，可說是動畫的先驅。

現在的動畫，爲大家熟知的是以卡通方式呈現的動畫類型，如早期的《小甜甜》、《紅髮安妮》、《白雪公主》、《無敵鐵金剛》，現在則有《龍貓》、《魔女宅急便》、《名偵探柯南》、《小美人魚》、《睡美人》、《鐘樓怪人》、《加菲貓》等，但是，動畫不只是卡通，所有以單格方式拍攝的影片，不管是平面、立體、木偶或電腦類型，都是動畫。

動畫可以是給兒童看的卡通片，也可以是一種藝術表現手段，除了娛樂，亦可實現夢想、創造夢想。藉由動畫所傳遞的思想或觀念，也容易讓人接受。早在一九三〇年，英國情報局就徵召動畫公司拍攝一系列支援戰爭的動畫短片，當第二次世界大戰結束後，政府爲了對群眾說明社會結構的變遷和改革計畫，便透過針對大眾常識設計、採取成人觀點的動畫媒體，進行宣導，動畫媒體進而被運用在公共關係、企業廣告和教育方面，不僅限於趣味動感十足的故事。

傳統動畫技巧除了手繪之外，還有泥塑造型、傀儡紙雕、偶動畫等等，其原理都是先拍攝一格一格的畫面，連續快速播放而產生栩栩如生的動作與幻覺。到了六〇年代，有人開始用電腦科技製作動畫影片，七〇年代電腦繪圖的著色描影和模塑演算法相繼發明，以及八〇年代發展出影像寫實逼眞的畫面也提供更具眞實感的電腦動畫製作，由於電腦科技的高度發展，動畫已經發展出極爲驚人的效果。3D電腦動畫成爲現在動畫創作的一股強勁力量，但是電腦動畫並不只限於《玩具總動員》一類的3D動畫影片。

電腦動畫可以創造非常逼真的虛幻世界，在《動畫電影探索》一書中，介紹《侏儸紀公園》、《酷斯拉》等電影的製作過程，工作人員必須先製作恐龍、怪獸的模型，然後將各種資料輸入電腦，經過程式計算其移動、行進等等動作位移路徑，而形成動物在實景間移動的效果，在電影中出現史前時代的恐龍在公園中穿梭、類似蜥蜴的大怪獸在紐約街道上狂奔，牠們的動作都是利用電

腦動畫做出來的效果，再結合眞人演出實景，就形成我們看到的人獸大戰精彩畫面。另外像《終極警探》、《魔鬼終結者》、《機器戰警》等片，都有利用到電腦動畫。

和傳統動畫比較起來，電腦動畫可以節省大量人力與物力，因爲電腦動畫中有些場景可以利用電腦模擬，而且利用電腦程式設既可以控制物體、光源及鏡頭，計算其位置、移動路徑，即可迅速產生有動感的影像。除了用於電影外，目前也應用在廣告、多媒體等範疇。

六、影像

在電影《鐵達尼號》片尾，廣渺而幽暗的夜空下，斷成兩截的船身漸漸沈入海底，許多人被強大的漩渦吸入海底，而其他漂浮在海面上的人，卻因爲溫

文字音樂的靜動與時間、空間的關係。

文字呈現於靜態的空間，音樂呈現於動態的時間。

動畫呈現於動態的圖像、語言、音樂、聲音和影像。

度過低，慢慢喪失知覺，薄弱的驚恐呼喊聲消失在無盡的黑暗中。浸泡在冰凍的海水中，傑克慘白的面容，顫抖著聲音斷斷續續地對蘿絲說：「答應我，不論發生什麼事都要活下去」，爲了讓傑克放心，蘿絲噙著淚水，努力地點點頭，最後她只能眼睜睜地看著傑克沈入漆黑的海裡。

看到這裡，相信許多人都會掏出面紙，拭去滑落的淚水，因爲這場世紀災難以及浪漫偉大的愛情故事活生生地呈現在我們面前，使我們彷彿也曾經歷過如此椎心之痛，如此的生離死別。但是若沒有看過電影的人，僅看書中的敘述文字，也許感觸並不會那麼直接而強烈。

視覺可以說是我們認識這個世界的基本方式，除了視覺有問題的人外，在我們不會說話、不認識文字之前，我們就會「看」，因此比起其他媒體，影像更能影響我們的認知，中西方都有一句話「眼見爲憑」，正說明了我們對視覺的依賴。

一百多年前人類尚無法留存影像，因此除非溝通的雙方在同一時間、地點，一起「目睹」事件過程，否則就無法再現已經發生過的事，讓其他人知曉。影像作爲溝通方式，一直要到攝、錄影機發明以後，才成爲比較主要的方式。

前面提到的兩種媒體：圖像和動畫，都可以算是一種影像，但本文所談的「影像」不只是動畫或者圖像，它包括更細緻、更逼眞的畫面。圖像或動畫都只是一種「模仿的眞實」，即使以照片形態呈現的圖像，也只是表現了一刹那間的眞實，它所捕抓到的畫面是靜態的，並不會隨時間變化而改變，但是我們所處的世界卻是變動不停的。至於動畫，不管看起來有多眞實，本質上都只算是擬仿的產品。但是影像卻必須包括空間、時間的變化，會讓我們有「眞實感」，一如我們對這個世界的基本感知。

像現代人幾乎每天都會觀看的新聞，當畫面上播出立法院中立法委員質詢的過程，我們可以清楚看到某人正嚴厲地詢問行政院長；某人的桌前貼了一張抗議海報；或者委員們進行某項法案的表決過程，我們並非實際參與會議，但是透過螢幕播出的影像讓我們彷彿「親身經歷」了這場會議，也使我們清楚了解立法院的情形。

現在各類電視節目、廣告、電影、MTV充塞整個生活環境，使我們很難離開影像，影像具有相當大的吸引力，常常會發現當我們坐在電視前面，不停切換頻道，雖然找不到好看的節目，卻仍然不願關上電視，尤其對Y、Z世代的青少年而言，他們對影像的敏感度遠勝於其他類型媒體。

結語

我們每天閱讀的報紙或雜誌，是以文字和圖像兩種媒體來溝通；聽廣播則是利用音樂和聲音媒體；觀看新聞報導或者連續劇，已經成爲日常生活的一部份，而電視就是標準的六媒體溝通：一則新聞中會出現文字（如受訪者姓名、職稱）、圖像（例如氣象預報中的天氣圖）、聲音（新聞主播甜美的聲音、事件現場聲音）、音樂（例如報導花季時，以孟德爾頌的四季小提琴協奏曲作爲背景音樂）、動畫（新聞片頭的動畫）、影像（整則新聞內容）。

以上六種溝通工具：文字、圖像、聲音、音樂、動畫、影像，都稱爲媒體，也就是人與人溝通的工具。如果沒有這些媒體，人類有再好的知識、思想、感受、資訊，都無法傳遞給另一個人或留存到另一個世代。

第二章

媒體的容器

人與人之間必須透過媒體才能溝通，但並非都能面對面直接溝通，當我們想將思念、感受告知遠方友人，或者將思想、知識流傳給後代子孫，就需要可以儲存的容器，將這些資訊以及知識保存下來，才能在不同的時空中流傳。

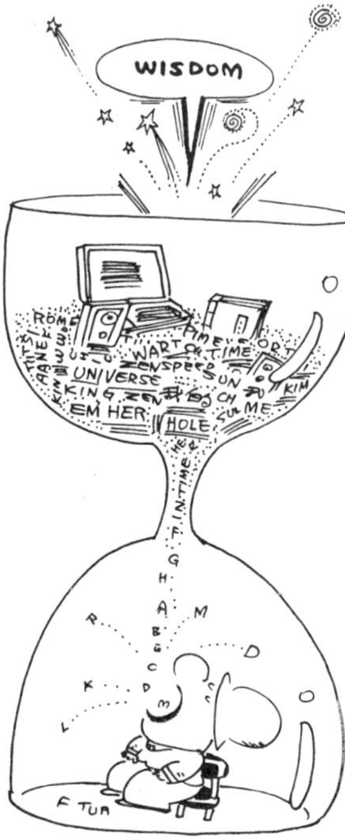

人與人之間必須透過媒體才能溝通，但並非都能面對面直接溝通，當我們想將思念、感受告知遠方友人，或者將思想、知識流傳給後代子孫，就需要可以儲存的容器，將這些資訊以及知識保存下來，才能在不同的時空中流傳。

早期人類以口傳方式來傳送訊息，但是在口傳的過程中，容易因爲遺漏或者遺忘而使訊息消失。所以人類尋找其他可以保存資訊的方式，地中海東岸各國曾發現近五十萬片記錄著「楔形文字」的泥板，大多製成於西元前二千年左右；另有埃及寫在紙草上的《死者之書》，完成時間大概在西元前一三五〇年。中國人則在龜甲或獸骨上刻上文字，就是我們現在發現的甲骨文。

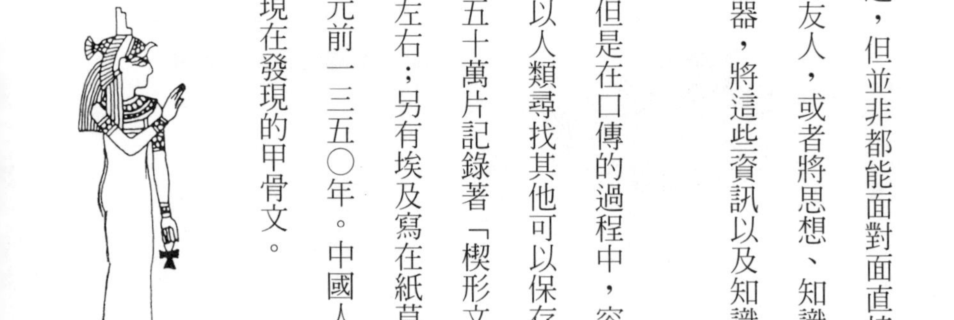

人類發明文字，是根據圖像來
設計，而成爲象形文字……
?
1
2
3

除了中國的象形文字外，別的文明開始創造文字時，也多數採用象形文…
是什麼意思？
1
笨！鳥看到蜥蜴啦！
2

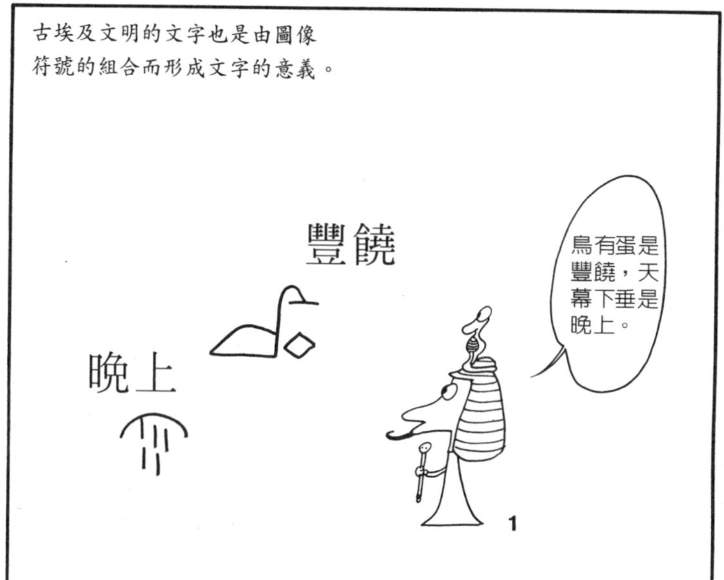
古埃及文明的文字也是由圖像
符號的組合而形成文字的意義。
豐饒
晚上
鳥有蛋是豐饒，天幕下垂是晚上。
1
兩劍相交是「敵對」，兩劍平行是「友誼」。
敵對
友誼
2

有了原形的象形文部首，後來
漸漸地將它們組合成更複雜的字。
看到鳥，前面必有島。
一棵木是木，兩棵木是林，三棵木是森。

2800年前，當埃及還在通行象
形文字時，阿拉米（敘利亞）
早已出現了第一套字母——阿拉米字母。
很像英文嘛…
VLLYEA
1
VLLYEA
像中文由右而左由上而下。
2

2500年前，希臘人從阿拉米字
母中，選取了幾個符號，成爲
他們語言中的元音字母A、E、O、Y…
智慧財產權一個字母一塊錢。
借用幾個字母。
AEOY
1
一塊錢都嫌貴？智慧不值錢？
那麼我只要AEOY四個字母吧。
A
E
O
Y
2

此外，希臘人還創新一個I字母。如此一來，一套由17個輔音和7個元音，共24個字母組成的希臘字母系統業已完成。

由於希臘人是偉大的航海家，行蹤航遍地中海，他們將這套字母傳給了義大利的埃特魯斯坎人…
送你世界上最寶貴的禮物。
只是個希臘陶瓶嘛
寶貴的是瓶上刻的希臘字母。
偉大

2400年前，拉丁地區民族入侵羅馬，取代埃特魯斯坎人，成爲未來的羅馬人，他們借用了埃特魯斯坎字母來記錄自己的語言——拉丁文。

一、書與紙

大約三千年前，中國發展了人類第一個比較完善的媒體容器——書，書的發明在當時的重要性決不亞於現在的電腦。但是早期書的形式和我們現在所看到的書籍並不相同，當時的書寫材料包括獸皮、竹簡、或者絹絲。

在《史記》中，記載荊軻刺秦王的故事，故事發生在戰國末年，當時燕國太子丹本來在秦國做人質，後逃回燕國，他為了復仇，遂召集各方勇士，荊軻因此被推薦，官拜上卿，當秦王率兵破趙，太子丹唯恐燕國亦被秦滅，因此派荊軻行刺秦王。荊軻攜帶一卷繪有燕國城鎮的地圖，內藏毒藥與匕首，到咸陽向秦王現圖，圖窮匕現，但荊軻卻未謀刺成功，最後遇害身亡。

荊軻所攜帶的圖卷就是早期的媒體容器，是在曬乾的獸皮上，以石炭書寫文字或繪圖；繼而古人以刀刻竹簡作為書寫記錄方式，所謂「學富五車」是形容一個人有豐富的知識，理由在於當時的學問都刻在竹片上，再串成卷，體積相當龐大；而一個人讀得完要五輛車才能載得動的竹簡，絕對有許多學識。

西方在蘇美人、埃及人時代，書是刻寫在石板、陶土，或者紙莎草紙上。在巴比倫或其他古城的圖書館中儲藏的書就是此類型的書。到了中世紀早期，歐洲的神職人員以草紙卷書寫，但是草紙卷價錢昂貴又容易破裂，所以後來改成以動物的皮製成的羊皮紙來書寫。以羊皮紙裝訂成冊的「書籍」，可說是現代「書」的前身。

這些早期媒體容器，到一千五百年前「紙」出現後，才慢慢形成現在的書本形式。

書與紙可以儲存文字和圖像兩種媒體，現在我們無法聆聽孔子教誨，因爲當時無法記錄聲音，但是我們可以藉由閱讀《論語》，得知孔子的訓示，而孔子的長相也能從先民在書中的摹繪大略知曉。

書和紙是人類非常重要的歷史財產，人類將資訊、知識、娛樂、感性等轉換成文字、圖像，記載於書中，而能儲存、流傳下來，人類文明才得以累積。

二、照相機

紙張或書本能保存文字和圖像兩種媒體，但是早期的圖像都是人工模仿實物所繪製出來的圖像，如果想要知道事物的「眞實狀態」，只有文字或圖像並不能完全反應眞實，甚至可能產生某些誤解，在中國傳說中，就有這樣的例子。

相傳在漢朝時候，皇帝擁有三千佳麗，要選妃時，一個一個過目可能會看得眼花撩亂，無心國政，因此會先請宮中的畫匠一一描繪出各佳麗的容貌，皇帝再按圖選取。

漢和帝時，有一名傳至今的美人王昭君被選入宮中，而當皇帝命令畫匠毛延壽畫出眾人的容貌時，各美女紛紛重金賄賂毛延壽，期望他將自己畫漂亮點，以得皇上寵幸。唯獨王昭君不答理，使毛延壽記恨在心，因此將昭君畫成個醜八怪，終至昭君只能抱著琵琶，西去和番。

如果當時相機已經發明了，毛延壽就無法從中作怪，這則淒美的故事也不會產生。

照相技術一直要到約一百五十年前，法國人達蓋爾發明相片曝光的方法才出現，他在一八三七年成功地曝光出第一張清晰的照片，這是人類幾千年來的一大進步，因爲從紙的發明到十八世紀工業革命之間幾乎沒有任何重要的媒體容器上的進步，直到工業革命時代才有人開始研究機械結構及光學。

照相機發明後，我們可以留存這個「眞實世界」的瞬間，也增加人類保存記錄與跨時空傳播的方式。

以往圖像是由人工摹繪而產生，如果以人像爲例，完成一幅畫像需要很長的時間，而且即使畫工非常仔細，生產出的兩幅畫卻很少會完全一樣，再加上畫工昂貴，因此除非皇室貴族，一般人很少有能力負擔。

藉由照相機製作出來的圖像可以快速而準確地記錄眞實，因爲照相機拍攝出來的圖像，幾乎等同於在那一剎那間我們的眼睛所看到的狀況；並且使圖像可以量化生產，照相機只要幾秒鐘就可以拍出一張照片，且底片可以重複沖洗，但是卻很少有有兩幅一模一樣的畫。照相機的發明可說是人類在媒體容器上大幅的進步。

三、錄音機

書可以儲存圖像和文字，照相機也可以儲存圖像，我們還需要可以儲存聲音和音樂的容器。否則，當我們看到劉鶚在《老殘遊記》〈第二回　歷山山下古帝遺蹤　明湖湖邊美人絕調〉中，一段精采絕倫的「王小玉說書」：

王小玉便啓朱脣，發皓齒，唱了幾句書兒。聲音初不甚大，只覺入耳有說不出來的妙境，五臟六腑裏像熨斗熨過，無一處不伏貼，三萬六千個毛孔，像吃了人參果，無一個毛孔不暢快。唱了十數句之後，漸漸的越唱越高，忽然拔了一個尖兒，像一線鋼絲拋入天際，不禁暗暗叫絕。那知她於那極高的地方，尚能曲環轉折。幾轉之後，又高一層，接連有三四層，節節高起。恍如由傲來峰西面攀登泰山的景象，初看傲來峰陡壁千仞，以為上與天通，及至翻到傲來峰頂，纔見扇子崖更在傲來峰上；及至翻到扇子崖，又見南天門更在扇子崖上，愈翻愈險，愈險愈奇！

那王小玉唱到極高三四處後，陡然一落，又極力騁其千轉百折的精神，如一條飛蛇在黃山三十六峰半中腰裏盤旋穿插，頃刻之間，周匝數遍。從此以後，愈唱愈低，愈低愈細，那聲音漸漸的就聽不見了。滿園子的人都屏氣凝神，不敢少動。約有兩三分鐘之久，彷佛有一點聲音從地底下發出。這一出之後，忽又揚起，像放那東洋煙火，一個彈子上天，隨化作千百道五色火光，縱橫散亂。這一聲飛起似有無限聲音俱來並發。那彈弦子的亦全用輪指，忽大忽小，同他那聲音相和相合，有如花塢春曉，好鳥亂鳴。耳朵忙不過來，不曉得聽那一聲的為是。正在撩亂之際，忽聽霍然一聲，人弦俱寂，這時臺下叫好之聲轟然雷動。

我們只能透過文字來想像，雖然這段文字已被奉爲描寫聲音的經典之作，但是在文字中描寫如此多采的說書，到底是怎麼回事兒，總讓人看得有點不明白，不過癮。就算餘音可以繞樑，還是繞不到今日，如果當時有錄音機，那麼也許這位小玉姑娘的說書錄音帶，會比李國修、李立群的「那一夜誰來說相聲」還要暢銷！

大約到一百五十年前，錄音機的發明使聲音和音樂這兩種媒體有了保存的容器。

愛迪生發明留聲機趕不上錄製小玉的說書，但是他的發明使聲音可以被準確地

儲存聲音的容器——錄音機

記錄下來，他曾經將留聲機送到歐洲，錄下了布朗寧（Robert Brown）和丁尼生（Alfred Tennyson）及其他詩人的朗誦演出，以及布拉姆斯（Johannes Brahms）演奏的匈牙利狂想曲。

現在我們聽不到孔子的聲音，但我們若到中山縣翠亨村參觀國父的故居，可以聽到國父當年演講的實況錄音；我們無法現場欣賞祖賓梅塔指揮柏林愛樂的演出，但是我們卻可以藉由錄音的再現，欣賞他領導樂團演奏出的動人樂曲。這些都必須歸功於可以儲存聲音的容器——錄音機的發明。

四、攝影機與放影機

儲存動畫和影像的媒體容器則要到更晚近才發明。

一八七二年，美國有位名叫史丹福（Leland Stanford）的州長，有天和一位朋友打賭，馬在奔馳時是否有任何時間四腳離地。他的朋友辯稱馬不可能同時四腳離地，因此，史丹福請一位攝影師，在賽馬場跑道周圍設置十二個距離相等的照相機，然後在跑道中間牽線，當馬跑過時拉動細線便啓動相機快門，最後得到十二張馬奔馳連續的相片，照片中顯示，馬的確會在奔跑時四腳離地，史丹福因此贏得賭注。

後來他的攝影師將這十二張照片裝在一個轉盤上，並在鏡頭及燈光前轉動，竟得到了馬奔跑的動態畫面，這是因爲人類有視覺暫留的特性，才造成馬匹運動的錯覺。稍後，他將照相機增加到四十台，使整個連續畫面更爲流暢逼眞。

動畫和電影就是利用視覺暫停的原理製作出來的，當十六張畫面在一秒鐘內快速通過時，人類的眼睛會產生錯覺，這十六張畫面看起來像是連續的動作，因為眼睛沒有辦法仔細分辨快於十六分之一秒的影像。

魔術表演也是利用相同的原理。魔術師拿出一束花，轉眼間變成活生生的鴿子，如果分解成慢動作的話，我們可以看到，實際上他是將花放到懷裡，再把懷裡的鴿子拿出來，但是因為他的動作快於十六分之一秒，所以一般人無法看清楚。

我們可以推想，傳說中黃飛鴻的「佛山無影腳」，就是腳踢出去再收回來的時間少於十六分之一秒，敵人還未看清楚就被震飛三十尺。

利用上述的方式來拍攝動態影片，只能記錄幾秒鐘的動作，後來，和愛迪生同一時代的發明家伊士曼（George Eastman）發明賽璐珞捲筒軟片，使一系列動作能夠拍在同一卷軟片上；在愛迪生的指導下，一位名叫迪克森（William K.L.Dickson）的研究員利用賽璐珞軟片發明了一台電影攝影機，並配合發明一種電影視鏡，使觀眾可以透過該視鏡觀賞由電影攝影機拍攝出來的影片；另一位發明家雅馬特（Thomas Armat）則發明了投射放影機。

因爲人類有視覺暫留的特性，再加上攝影機、捲帶機、放影機等發明，才有動畫以及電影的產生。

早期卓別林的影片看起來斷斷續續，因爲影片是由一格一格的影像組成，必須快速捲動這些影像，才能形成動作流暢的畫面，但是當時捲帶機速度卻沒有辦法快達十六分之一秒，所以產生了畫面不連續的情形。捲帶機速度提高後，我們不會再看到不連續的畫面。

五、錄影機

在影像時代，相當重要的發展是錄影機的發明與普及。二十世紀前半葉，當時新興的電視業尚無法錄製節目，所有電視節目都必須「現場播放」，同一個節目若要重播，就得找齊所有的演員與道具、佈景，依照劇本再演一次；但是球賽或新聞就無法重播了。爲了要解決這個問題，美國一家公司在一九五六年推出世界第一台錄影機，能將影像錄在磁帶上。

日本的「新力」（SONY）與荷蘭的「菲力浦」（Philips）繼而持續研究，降低影帶成本與錄影品質。「新力」在一九六七年推出一系列工業用錄影機，五年後又推出彩色卡式錄影機，使用者多是有線電視公司、學校、廣告公司等，它的影像品質可以適合剪接，也可以播放，因此成爲標準的工業用錄影機。

「菲力浦」在一九七二年推出一部新型卡式錄影機，在這部錄影機中裝置電流調整器、計時器及調音器，只要接上電視機，就可以隨時錄下各種節目，操作亦較簡便，觀眾因此可以選擇觀看的時間。

家用錄影機後來陸續有新機種產生，如Beta型、VHS型錄影機，但是早期使用磁帶的攝影機必須和錄影機配合使用，兩種機件的重量不輕，攜帶不便，因此電子業者紛紛推出各種小型攝影機和錄影機，甚至將兩者結合成一部攝錄影機。

錄影機可以儲存六種媒體，並可不斷複製。

錄影機的主要功能是讓人可以錄下電視節目，自由選擇想看這些節目的時間與地點，此外亦可供個人錄製家庭影片，如將小孩的成長過程拍成錄影帶，讓孩子長大後能重溫童年；結婚典禮也可以全程錄影，作爲紀念；其他如生日派對、旅遊記錄等等都可錄成影帶。而當我們身處異鄉，亦可自行拍攝影帶，寄給許久未見的親人，讓他們清楚看到遠方遊子的生活狀況。

錄影機

亦使我們可以更便利地用影像進行溝通，如第四台的「立即購」節目，以生動活潑的方式，介紹產品給買主，藉由重複播放，在顧客腦海中留下深刻印象，美國有一家房地產公司，便將所有代售的屋子拍成錄影帶，播放給有興趣的顧客觀看，日本也有婚姻介紹所，拍攝客戶的自我介紹錄影帶，供他人挑選；教學錄影帶可以補學習之不足，像各種健身操錄影帶、語言教學帶、打球、電腦教學、化妝等等，使無法到學校學習者有另外的學習管道。

六、影音光碟

還有一種可以儲存影像與聲音的媒體容器是影碟（Video Disc），影碟的發明時間甚早，但是因爲影碟的製作成本太高，當大部分家庭都使用錄影機時，只有少部份人使用影碟。隨著科技進步，一九八〇年代，不論是聲音、影像的品質或者使用難易度，影碟都優於錄影機，不過，雖然它的品質較好，價錢相對也高，再加上無法自由錄製節目，因此仍無法普及。

後來發明了體積更小的影音光碟（Video CD），可以儲存長達七十四分鐘的影像和音樂內容，這種影音光碟在畫面品質略遜於影碟，但是它卻具有方便儲存，不易損壞的優點，同時亦具備影像隨選功能，可以快速找到我們需要的片段，而不用耗費時間從頭看到尾。

隨後各種光碟產品陸續出現，像是可錄光碟（CD-R）、可重錄光碟（CD-E）

等，形成了龐大的光碟家族，除了前述的光碟以及我們很熟悉的ＣＤ唱片外，最近幾年發展出來的產品，還包括相片光碟（Photo CD）、加強型雷射唱片（CD Plus）、互動式光碟（CD-I）和第二代影音光碟（DVD），它們的功能比單純的錄放影機進步許多。

● 相片光碟（Photo CD）

當家中的老祖母坐在搖椅上，翻著一頁一頁的相本，回憶年少時光，望著照片中的人，臉上浮現幸福的笑容，在一旁的小孫女，望著泛黃的相片，卻看不出一點端倪，她不知道祖父和祖母在那個時候到底長得什麼樣子，因爲照片已經模糊不清了。現在，我們可以將相片儲存到相片光碟（Photo CD）中，就能解決相片易受潮或發黃的情況，而且可以隨機存取，不必再翻著相本一頁一頁尋找。

●加強型雷射唱片（CD Plus）

這類型唱片除了可錄製音樂外，也可錄製影像，使用者可以在一般唱片播放，也可以用光碟機播放其中的影像部份，現在台灣流行歌曲專輯中偶而會附贈一到三首音樂MTV，以吸引消費者。

●互動式光碟（CD-I）

互動式光碟大都運用在電腦遊戲或者教育軟體上，屬於多媒體的軟體，唯其必須在專用的互動式光碟機上才可以使用。

●第二代影音光碟（DVD ,Digital Versatile Disc）

第二代影音光碟的資訊儲存量更大，讀取速度更快，它可儲存9.4GB的資訊，是原有光碟容量（650MB）的十四倍，畫面與影音品質也更精密細緻，可媲美家庭電影院的豪華級設備。九〇年代的影碟，在電腦多媒體的烘托下，開始有取代錄影機的趨勢，企業界預計，在兩年內，DVD將會完全取代VCD與LD，成爲影音的主要工具。

今天我們看不到孔子、耶穌，但是兩千年後的人可以看到柯林頓、李登輝、江澤民，因爲現在已經有上述六種媒體容器，可以完全儲存六種媒體。從現在開始到未來所發生的各種狀況，都可以儲存在媒體容器中；以後讀歷史，將不再只是透過書上的文字，而是可以從影像記錄清楚看到當時的情形，我們可以理解，這些科技產品的發明，已經大幅度改變了媒體的功能，同時也改變了媒體的重要性。

古代的書中自
有顏如玉…

書中自有黃金
屋…

今天的書中自有文字、圖像、
語言、音樂、聲音和影像…

第三章

媒體的傳播

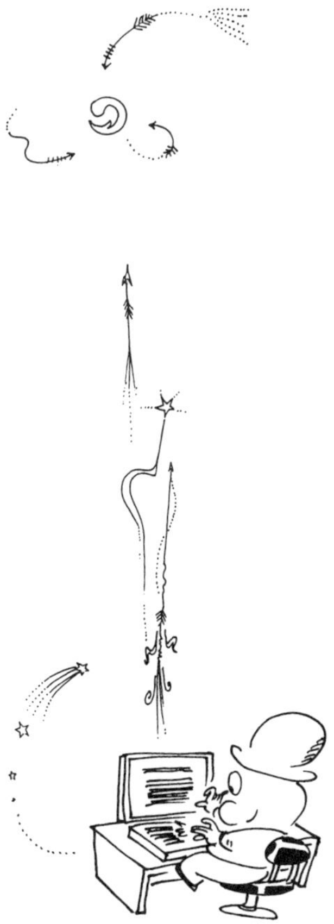

媒體傳播不只是儲存與流傳如此簡單，我們還希望訊息能即時傳播，不要使新聞變成舊聞，因此，媒體除了需要儲存的容器之外，還要能即時傳播。

有一對情侶即將舉行婚禮，他們是自己決定了日期之後，才邀請雙方家長參加的，但是，男方家人遠在尼泊爾某座山中的小村落，那裡缺乏完善的電信系統，對外往來只靠書信傳遞，因此，這對情侶只好寫封信寄去。到了婚禮當天，男方家長並沒有出現，也沒有任何消息，直到婚禮過後兩個月，他們才接到一張賀卡。原來男方家長一個月前才接到婚禮邀請函，已經來不及參加了。

媒體傳播不只是儲存與流傳如此簡單，我們還希望訊息能即時傳播，不要使新聞變成舊聞，因此，媒體除了需要儲存的容器之外，還要能即時傳播。

早期即時傳播方式之一，是藉助動物的力量，如飛鴿傳書，將訊息寫在小紙條，再綁在鴿子腳上，利用它辨識路的能力，將訊息傳到對方手裡。

古代的烽火台，也是即時傳播方式之一。相傳周朝最後一個君主周幽王極寵愛褒姒，爲引褒姒一笑，聽虢石父獻計，在驪山頂點起烽火，向諸侯求救。

諸侯以爲敵人出現，紛紛率兵救駕，但是到了城外卻未見一敵。褒姒倚欄眺望，看到山下兵將如蟻，於是笑顏逐開。後來當申侯、犬戎伐周，驪山烽火點起，諸侯以爲他又在作樂戲弄，遂無人救駕，結果周幽王被殺，西周滅亡。這種烽火台可說是早期的電報系統，藉由控制煙火的大小來產生某種意義，並在短時間內傳達給另一方。但是飛鴿傳書或者烽火台能傳播的範圍有限，在中國古代進行長距離傳播的方法就是用驛馬制度來傳遞訊息。這些方法雖然可以縮短傳遞時間，但是直到距今一兩百年前，人類陸續發明各種傳播科技，才開始擴展媒體即時傳播的速度與範圍。

媒體傳播可以分成三大類，第一類是通訊，指個人對個人的傳播，不論傳訊者或收訊者都有明確的對象，第二類是廣播，屬於個人對多人的傳播，第三種傳播方式是最近十幾年來才發展出來的網路，屬於多人對多人的傳播方式。

一、通訊

通訊基本上是一對一的傳播方式，傳訊者或收訊者是特定的對象。

從古至今，人類不斷發展各種傳播方式，包括：驛馬通訊、電報、電話、電傳打字機、傳眞機、電子郵件、影像電話、傳呼機及行動電話。除了驛馬通訊外，其餘通訊方式幾乎都是到近一百年才出現。在未來個人的通訊終極產品則是大哥大影像電話。

以下我們逐一簡述各通訊方式的發展與使用。

1. **驛馬通訊**

通訊的發展，在中國古代有驛馬通訊，這方式是由信差攜帶訊息，騎著快馬不停地奔跑，每到一個驛站就換騎另一匹馬，一天約可跑五百公里，在幅員廣大但是缺乏電信網路的古代中國，驛馬傳訊可說是十分便利、快速的傳播方式。

南宋高宗派岳飛率軍抵抗金兵，岳飛所領軍隊驍勇善戰，「岳家軍」所到之處攻無不克，戰無不勝，立下戰功彪炳，但是高宗卻聽信秦檜讒言，連下十二道金牌召回岳飛，以致岳飛辛苦收復的北邊疆土又落入金人之手。這十二道金牌從南宋京城到岳飛手中，就是利用驛馬通訊的方式。

但是這種傳播方式，通常只有官方才能使用，一般人民並無法利用此種方式傳遞訊息。

2. 電報、電話

電報與照相技術發明的年代差不多，摩斯首次公開示範電報的時間是一八三七年，他發明了摩斯電碼，利用通電、斷電代表0與1的訊號，組合成各種密碼，只要經過解碼，就可以知道傳送的訊息內容。但是這種電報必須在發、收兩方間拉設線路，因此使用者多局限於工廠、企業與家庭之間的短距離聯繫。

到了一八七〇年代中期，幾乎所有英國家庭都在學習摩斯電碼，以便能用自己的線路和親友「通話」，但是電報線路的鋪設狀況始終趕不及使用人口的增加，於是有些科學家開始研究如何在單一線路傳遞多重訊息。

後來英國人貝爾發明電話，他在一八七六年三月十日成功地使用通話設備傳送聲音，雖然傳送距離只有幾英尺遠，但這是人類第一次可以使用聲音即時和遠方的人溝通。

一八七六年六月在美國展示時，也只能傳送幾百英尺而已；直到一九一五年電話才能連接全美各地，到一九二六年才能越洋通話。當時電話被用做「有線廣播」，許多人都用它來傳遞音樂與新聞，當然，在科技的幫助下，電話很快普及，對於人類的影響可能是發明者當初所無法預料的。

《櫻桃小丸子》的作者櫻桃子曾在她的文章描寫她和從小就很迷戀的偶像山口百惠接觸的經過，當時她寫信請教山口百惠關於懷孕的事情，但是她做夢也想不到山口百惠竟然回信給她，並告訴她可以打電話到家裡直接詢問。這個出人意料的回答令小丸子欣喜若狂，當電話接通時，她描述那種感覺就像「交響樂響徹我的心，電話啊！真是辛苦您了，貝爾，太感謝您了……感激和緊張的高亢令我有種窒息想哭的衝動，我想這就很像在酒店喝醉酒時一樣，我一隻手拿著電話筒，一隻手擦著眼淚聽她說話。」

透過電話，我們可以和他人連絡、可以閒聊，或者求救，我們現在幾乎離不開電話，如果某天一個城市的電話線路發生嚴重錯亂，這個城市可能會因此而癱瘓。

使用電話原來只有線路兩端的人可以互相溝通，但是現在發展新的技術，使通話者不再侷限於兩個人，像電信局提供的三方通話，就可同時三個人上線對談。

3. 電傳打字機與傳眞機

電傳打字機（Telex）緊接著發展出來，只要雙方都有機器，其中一方在鍵盤上打字，對方的機器中就會出現相同的內容，電傳打字機可以即時傳送文字，很快成爲商業利器。但是傳眞機（Fax Machine）發明以後，電傳打字機沒多久就被取代了。

傳眞機可以傳輸文字和圖像，如果將傳眞機和電話結合，就可以傳播文字、圖像、音樂、聲音。紅及一時的日劇《跟我說愛我》中，男主角豐川悅司是個聽障者，女主角常盤貴子無法用電話和他連絡，因此，他們就約定以傳眞機來代替電話。有一次常盤貴子很想念豐川悅司，但是卻找不到他，於是就在傳眞紙上畫了一條像蛇的圖形，並將紙的兩端接合使它繞著傳眞機滾動，當畫面帶到豐川悅司回到家後，只見滿地的傳眞紙，他知道紙有多長就代表常盤貴子的思念有多少，於是立刻往外衝，一直跑到常盤貴子住的地方，然後緊緊地摟著常盤貴子。傳眞機對於他們彼此間感情的增進有不可輕忽的貢獻。

我們在日常生活中，也常常使用傳眞機傳遞文件、資料、投稿、寫情書等等，現在傳眞機除了可以傳眞外，有些機型同時結合影印、掃描的功能，因此擴大了傳眞機的使用範疇。

4. **電子郵件**

近幾年來，網路硬體設備的發展，產生了新的媒體傳播方式——電子郵件（e-mail），透過電子郵件可以將訊息快速的傳送到世界各地，以往從台北寄一封信到高雄，可能要耗費二到三天的時間，如果要從台北寄到紐約，就得花上一星期，才能到對方手裡，而在傳遞過程中，還得祈求老天保佑，不要讓信不小心卡在信箱某個角落，以免十年後才被發現；或者碰到哪個郵差或搬運人員，不小心遺落，信件就躺在地上讓人踩來踩去。運用電子郵件，只要有正確的帳號，就可以在數秒鐘內，將所有訊息傳到世界各處，並且可以同時寄給許多人。電子郵件除了傳遞文字之外，尚可傳送聲音、音樂、圖像、動畫。

當親愛的朋友生日時，我們可以製作一張精彩的生日電子卡片寄給他／她，封面可以用小丸子跳舞的動畫，第二頁內容先寫一段感性的文字，結尾還可以畫個可愛的圖案，再選一首蟑螂的《生日卡片》做爲背景音樂，如果覺得不夠，還可以錄製一段自己親口說的祝福，一併寄去，即使在她／他生日當天才寄出，他／她還是可以很快收到卡片，不像郵寄需要在朋友生日的前兩、三天寄出，才不會過時。所以利用電子郵件可說省時省錢又超炫。

前面談到通訊指一對一的傳播，電子郵件卻可以同時傳送給許多人，似乎不符合定義，但是要注意的是，電子郵件的傳送對象都是特定的收信者，必須有明確的帳號，和網際網路上的多人對多人傳播並不相同，所以我們將此歸類在通訊的範疇。

5. 影像電話、傳呼機與行動電話

通訊技術不斷發展的結果，就是可以傳送的媒體種類越來越多，目前很多人使用的影像電話就可以傳輸文字、圖像、聲音、音樂、動畫、影像六種媒體。

雖然現今科技的發展，已經可以傳送六種媒體，並可以即時溝通，但是卻必須在固定的地方才能進行傳播，這樣，還是不方便，我們希望隨處都可進行溝通，因此通訊的另一發展方向，就是研發可隨身攜帶的傳播工具，如傳呼機或者行動電話。現在台灣到處都是一元傳呼機，或是一元手機，根據電信業者預估，兩年內會達到人手一機的規模，到那個時候，電話的使用就進入另一個境界了。

呼叫器或手機的發明，讓使用者不必固定在有電話的地方，而是隨時隨地都可接收訊號，所以像業務或者其他不在辦公室工作的人，都可以輕易與之連絡，不會有找不到人的情形。而有些父母也會讓子女攜帶呼叫器或行動電話，以便隨時能掌握他們的行蹤，不用在家中瞎操心。

對於新世代的青少年而言，隨身攜帶呼叫器或行動電話已形成一股風潮，朋友之間往往都會互留呼叫器或行動電話的號碼，而非家裡的電話號碼。

隨著這些傳播方式的普及，甚至還出現了新的「數字語言」，像以代碼「17715*540*2」告訴對方「Miss you」；或者數字諧音製造出來的語句，如「53719」叫做「我深情依舊」；「0564335」是「你無聊時想想我」；然後還有「0748」叫「你去死吧」，「1487」是「你是白癡」，當然，接到這樣的數字，就要回對方「08376」——你別生氣了，或者「584520」——我發誓我愛你，才能將相隔兩地的心連結在一起。

泰山！
發生了什麼事？
沒事！我用聲波發
訊號，結果收到一
封電子情書！

終極產品

總結來說，通訊的發展一方面是朝向可負載更多媒體的硬體設備，另一方面是發展方便攜帶的載具，所以通訊的終極產品就是可攜帶式大哥大影像電話，日本在一九九七年就發明了這項產品，它的理想是做到不管是誰（whoever）、不論何時（whenever）、不論何地（wherever），都可以做六種媒體的傳播。

二、廣播

第二類傳播方式是廣播，此處的廣播是指一人對多人的傳播方式，我們從收音機上聽到的廣播只是其中一種。使用廣播的傳播者和收訊者之間少有互動，收訊者通常是被動的接收訊息。

人類使用過的廣播方式包括喊話、布告、報刊雜誌、收音機廣播、電視（無線、有線電視、衛星電視）等等，這些廣播方式各有其特性與適用範疇，廣播的終極產品是低軌道衛星加上掌上型電視。

1. **喊話、布告、敲鑼打鼓**

在古裝片或者鄉土劇中，常可以看到一個市井小販敲鑼打鼓的嚷嚷著「X X中舉人了」、騎著腳踏車到處溜達的「報馬仔」，或者一群人圍在告示板前，看上面貼出「午時三刻斬首」、「尋人啓事」這一類的布告，這就是早期的廣播系統。

這種方式廣播範圍有限，較不適用於大範圍廣播。

現在小社區中仍會使用這種傳播方式，如在鄰里活動中心張貼各類活動海報、或者使用社區擴音系統，通知居民注意事項等，對區域性事務而言，是一種方便快速的傳播方式。

2. **報紙、雜誌**

報紙幾乎是現代人每日不可或缺的資訊來源，中國在唐朝時已出現類似報紙的官方公報，主要閱讀者僅限於朝廷官員。西方則在約四百年前出現報紙和雜誌，是人類第一次能以文字和圖像傳播給廣大的群眾。

現代的報紙則首先出現在歐洲北部，當時因爲商業活動興盛，需要來自各地有關物品價值、供給、需求的資訊，另一方面，民眾也開始對政治產生興趣，因此促成報紙的產生。

早期的報紙和雜誌唯一的差異是出刊時間不同，報紙每天出版，雜誌則是一週或一個月才出版一期。報紙內容除了商品資訊外，還有對國內外重大事件的詳細描述，像戰爭、法院判決過程，或者刊登當地發生的新聞，同時兼具廣告作用，也有些小報專門刊登羶色腥的故事，做為娛樂。

推理小說家克莉絲蒂的著作《謀殺啓事》中，兇手在一個星期前就在社區報上登了一則廣告，宣佈要在星期五的晚上在某個人家中進行謀殺，到了預定的時間，小鎮上所有好奇的人都以各種藉口，自動來到謀殺案即將發生的地點。社區報紙的傳播力量可見一斑。

俗話說「秀才不出門，能知天下事」，明明白白顯示了報紙的重要性。在今日社會生活中，報紙可說是相當重要的機制，對於大眾而言，報紙幾乎是主要的資訊來源，整個新聞機制運作的龐大複雜使我們可以迅速知悉不斷發生的重要事件、國內或國外的各項消息，報紙有時也用於教育或者娛樂，當我們想要看場電影，就可以在報紙上尋找電影介紹、評論，或者放映地點與場次。

3. 收音機

但是報紙這種廣播方式只能傳播文字和圖像兩種媒體。人類發明收音機後，我們才能廣播聲音或者音樂。

二、三十年前，台灣還屬於農業社會，當時，聽收音機是主要的資訊來源與休閒娛樂，金龍少棒隊第一次贏得世界冠軍時，許多人就是守在收音機旁聽，現在對於很多必須挑燈夜讀的學生，或者在外租賃而居的人，他們可能沒時間或無法看電視，在夜深人靜時，收音機也成了最好的伴侶，像羅小雲主持的「知音時間」，是想要知悉現在流行音樂的人必修的功課，光禹主持的「月光家族」，和觀眾分享心靈感性，或者黎明柔主持的「非常D.J.」，引爆許多禁忌話題，主持人可以透過節目，和聽眾溝通、聊天，一起抱怨某些糟糕的現象，或者做經驗分享。

中廣曾有個節目報導了「丐童事件」，源於一位聽眾打電話進電台告訴某個主持人，有人先將孩童弄成殘廢，再利用他們行乞，此事引起喧然大波，一時間各大平面、電子媒體爭相報導。雖然最後查明並無此事，但是它卻讓大眾極度關切兒童問題，收音機在傳播訊息上的重要性與影響可見一斑。

4. 電視（無線、有線電視、衛星電視）

繼而是電視的發明，領導人類邁向新形式的廣播時代。

沒有電視機的時候，我們只有在傍晚與農暇時到廟會看看野台戲，或者在家聽收音機作爲娛樂。

電視出現後，因爲它是傳送六種媒體的廣播器，我們就可以在家裡欣賞各種表演，我們不一定能到非洲，但是透過電視卻可以看到非洲遼闊的草原以及各種神奇的動物；如果無法到現場聽三大男高音的世紀演唱或麥可·傑克遜的神奇歌舞時，或者不喜歡現場震耳欲聾的聲響與人擠人的壓迫感，也可以看看電視轉播滿足精神上的享受。

透過電視，所有事件可以在幾秒內傳遍各地，所以候選人喜歡舉辦電視辯論或發表電視演說，總統喜歡在歲末時上電視對民眾談話，各種商品宣傳不惜投下巨資上電視廣告。

無線電視台訊號的傳遞需要高塔，越高的塔台傳播的範圍越廣，但無論如何，傳播的範圍還是有一定的限度，無法接收訊號的地區就會出現畫面模糊或者完全看不到畫面。因此過去十幾年來人類又發展了有線電視台跟衛星電視台，有線電視台利用纜線，可以穿山越嶺，不受地形限制；衛星電視台則是利用架設在空中的衛星傳送電波，藉此才能完成涵蓋全球的六媒體傳播。

今天塞爾維亞發生內戰，無線電視台只能將事件傳送到賽爾維亞境內，如果要在瞬間傳到全球各地，無線電視顯然無法達成，因此必須將訊息轉成信號傳送到中歐上空的衛星，再傳至分布全球上空的其他衛星，透過地面接收站匯集訊號，再藉由有線電視傳送到各個家庭中，才可以跨越洲際、穿山越嶺傳遞內戰消息，這種方式就稱爲「全球六媒體廣播」。

廣播系統發展到有線電視和衛星後，全球的六媒體廣播更發達，CNN也才能發下豪語：在地球上發生的任何事情，十分鐘內讓地球人都能看到。

5. 掌上型電視

但人類尚無法以此而滿足，因爲目前仍須在固定的地方（如家裡）才能收取訊息。如果我們坐車時太無聊，想要看些娛樂節目或者新聞，但是我們不可能背著一台電視搭乘公車，因此我們發明掌上型電視機。

掌上型電視機發明已久，卻都無法造成風行，原因在於它常常「收不到」訊號，因爲接收全球衛星傳送的訊號需要較大的功率，掌上型電視無法負荷，所以我們必須再加上低軌道衛星，因爲低軌道衛星的傳送功率較小，才能配合掌上型電視。

終極產品

地球周圍環繞的衛星可分爲高軌道、中軌道、低軌道，如果低軌道衛星數量足夠，那麼任何人在任何時候、任何地方，拿著掌上型電視就可以收到六種媒體，因此廣播的終極產品就是低軌道衛星加上掌上型電視。

三、網路

第三類傳播方式是網路，網路屬於多人對多人（包括一人對一人、一人對多人）的傳播，目前許多人使用的網路是一般網際網路（internet），寬頻網際網路、隨選視訊（VOD:video-on-demand）的技術正在飛快發展，而這類傳播的終極產品是無線寬頻網際網路加影像大哥大電話。

網路的傳播方式是多人對多人傳播，當然也包括一人對一人或者一人對多人的傳播方式。舉例來說，當一家公司要找職員，如果在報紙刊登廣告，就是一家公司對很多人的廣播。而新的求職或求才的方式，就是每一個人把自己的專長、領域等資料送上網路，而公司或企業也可以將企業所需的職員條件在網路上公開，使雇傭雙方都可以清楚的知道目前供需狀況。

或者一家公司如果需要某方面的人，可以輸入設定的條件，透過網路尋找符合要求的人。這種方式等於將很多人把資料集結到網路上，供給許多需要人才的公司尋找，屬於多人對多人的傳播。

對使用網路傳播的人而言，常常同時是傳播者也是收訊者，使用者必須自動尋找相關資訊，而非被動的接受他人傳送的各種訊息。

1. **網際網路**（internet）

有人預言未來網路會變成最主要的媒體傳播方式，網路的發展始於六〇年代，當時大多用於連接主機與終端機，但是隨著電腦及相關設備的功能不斷進步，在過去十幾年來，特別是九〇年以後，網路才逐漸興盛。

目前最爲重要與廣泛被使用的是網際網路（internet），它所連結的是從最簡單的個人電腦到最複雜的超級電腦，也就是各種電腦網路互連結構。網際網路所提供的服務包括：電子郵件（E-mail）、新聞討論群組（Netnews）、遠端主機遷入（Telnet）、檔案傳輸（FTP）及全球資訊網（WWW, World Wide Web）。其中又以電子郵件與全球資訊網的使用率最爲頻繁。關於電子郵件，此處不再贅述。

全球資訊網對一般使用者而言，幾乎成爲網際網路的代名詞，在全球資訊網的架構下，使用者進入首頁（Home Page）之後，只要在網路連結的物件上按一下，立刻就會連結到此物件的內容。假設我們進入種子網路的首頁（http://www.seed.net.tw），我們可以看到各式各樣的文字和圖案，當我們將游標移「影音中心」，輕按一下，就連結到另一個網站，上面又有更多東西，有電影中心、網路唱片城、MTV播放等等。藉由這種連接方式，可以任意連接到網路空間的天涯海角。

網路使用者可以藉由首頁的建構在網路上成爲傳播者，不只是被動的接受資訊，還可以發揮主動的傳播功能，尋找志同道合的網友，在全球資訊網中，就有很多歌迷、影迷自動成立的網站，互通偶像的最新消息以及交換收藏等。

多人對多人傳播的另一影響是人與人之間的互動方式改變，也就是網路交友的興起。以往的交友方式是以雙方是否見過面爲主，彼此間多少存在某種關係，如同學、同事、鄰居、室友、師生等等，或者藉由通信結交「筆友」，而網際網路出現後，「網友」成爲新的關係名詞，透過網站上登記的個人資料，或者線上聊天程式如ICQ，可以「認識」分散在世界各地成千上百位「網友」，甚至成爲「網路情人」，這替工業化社會原子化的個人形成新的人際交通模式，雖然彼此間的情感緊密度可能不如直接接觸所建立的關係，但是人與人接觸的範圍擴大，互動也更加頻繁。

現在社會有高齡化的趨向，因此容易存在許多獨居的老人，透過網路，他們可以認識許多網友，覺得孤獨無助的時候，除了翻閱相本回憶過往之外，還可以藉由網路互動、聊天以排遣孤寂，減少對子女情感上的依賴。

瀏覽器與搜尋引擎發明後，可以查到網

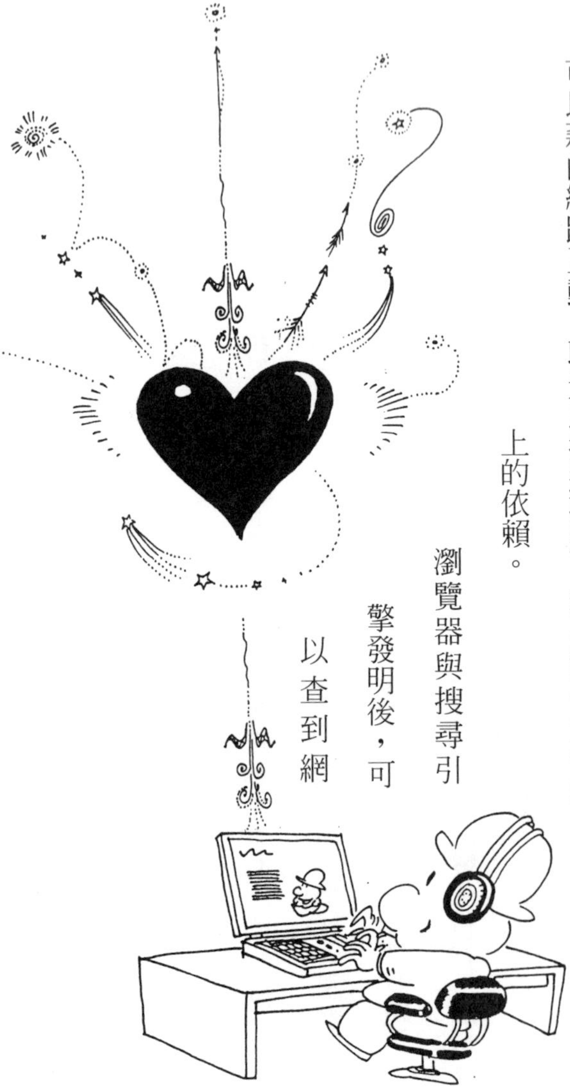

路中任何Web的檔案，它具備多媒體的超連結功能，並能迅速地、有系統地進行瀏覽，使用者可以在連結與連結之間跳來跳去，進行閱讀、收聽、列印等工作，就像進入一間圖書館，可以迅速的在大量的資料中找到所需的資訊，可以做到「隨選」（on-demand）工作，接受迅即的一方不再是一昧接受它所給的東西，而是可依自己的需求來訊找、傳送相關資訊。

2. **寬頻網際網路與隨選視訊**（VOD: video-on-demand）

但是現階段的網際網路只能傳播五媒體，因爲傳送影像需要更高的頻寬才能負荷，所以目前持續發展的是寬頻網際網路，這是可以傳送六媒體的網路設備。

傳送影像訊號需要較大的頻寬，當網際網路的線纜頻寬足夠，就可以做到

「視訊隨選」服務（video-on-demand），簡稱VOD，一九九九年香港就要試辦video-on-demand，藉此我們可以自由選擇想看的節目，假設新聞報導中的許多事件，只有五分鐘是我們想看的部份，若有VOD以後，就可以直接選擇看這五分鐘的報導，其他二十五分鐘可以再選擇其他訊息，而不必繼續觀看無用的新聞報導。休閒時想看哪部電影，就可直接選擇那部電影而不必受到節目安排的限制。

簡單來說，VOD就是指六媒體都可「隨選」（on-demand），可以任意調動文字、圖像、聲音、音樂、動畫、影像六種媒體。

終極產品

但是即使是寬頻網際網路，仍然必須接線才能發揮作用，因此，網路傳播的未來就是發展無線寬頻網際網路。

媒體傳播的終極產品就是無線寬頻網路加上大哥大影像電話，讓任何人在任何時候、任何地方都可以取得各種資訊，因爲它可以進行視訊隨選（on-demand）服務，所以可以做到無論任何人（whoever）在任何時間（whenever）、任何地方（wherever）都可以選擇任何需要的資訊（whatever）。

第四章

媒體的平台

媒體平台，就是讓人可以與媒體內容進行互動、或對媒體進行加工處理的空間。媒體平台除了讓使用者和媒體內容可以進行互動之外，還可以做媒體的處理與加工動作。

媒體的傳播不僅要做到無論任何人（whoever）在任何時間（whenever）、任何地方（wherever）都可以選擇任何東西（whatever），還要能更進一步將選擇的東西「處理」成對自己有用的模式，此時，我們需要「媒體的平台」。

媒體平台，就是讓人可以與媒體內容進行互動、或對媒體進行加工處理的空間。

全球聞名的米老鼠和超級瑪利是不同年代中兒童的成長夥伴，有人說超級瑪利是九〇年代的米老鼠，但是超級瑪利和米老鼠最大的差異是米老鼠無法和人互動，它只是純粹表演讓觀眾欣賞，但是我們卻可以控制超級馬利，藉由按鍵來操縱它，讓它吃蘑菇、勇闖魔穴救出公主，也的特色就是使用者和媒體內容可以互動。

媒體平台除了讓使用者和媒體內容可以進行互動之外，還可以做媒體的處理與加工動作。記得有次我到Sony工廠參觀，接待人員告訴我，可以挑一種動物作爲背景來拍一張像，於是我選擇老虎，照出來的相片中，就有一隻老虎趴在我的肩上。這是工程人員運用電腦合成方式，將不同的影像做加工，製造出來的新影像。

我們目前運用的媒體平台就是電腦。

電腦——媒體的終端機

個人電腦發展出來以前，世界上只有極少數的專業者會使用電腦，因此大眾幾乎沒有媒體平台。早期電腦的研發目的是製造出廉價的個人電腦，而個人電腦卻發展成媒體的終端機。

電腦最方便、數量最龐大的，可以儲存、處理、傳送聲音、圖像、文字、音樂、動畫、影像六種媒體的平台。

一九七八年，人類發明第一台個人電腦。從第一台個人電腦開始，它的功用不僅只是個人計算或資料處理，同時它是媒體的容器，並且是表現媒體的終端機。

一九八八年，筆記型電腦發明，筆記型電腦比桌上型電腦特出的地方，是它可以跟隨使用者移動，只要有足夠的附件，就隨時隨地可接收、處理各種媒體。筆記型電腦越來越重要，電腦生產業者預計，未來五年內筆記型電腦的產量會超過桌上型電腦。

隨著電腦科技與使用介面的不斷研發，電腦功能的發展日新月異，電腦從原來只做爲簡單的資料處理功能，演變到現在的多媒體運用，同時，由於各種軟體的功能愈來愈強大，媒體內容的製作方法越來越簡單，成本也越來越低廉，估計在往後十年內，多媒體將成爲人類非常重要的表達與溝通工具。

一九九八年可視爲多媒體個人電腦元年，因爲這一年多媒體電腦的發展都達到相當的規模，而所謂多媒體電腦，即是利用電腦與使用者的互動，將文字、聲音、圖像、音樂、動畫、影像六種媒體整合在一起，達到溝通目的的媒體系統。

從此個人電腦成爲多媒體的平台，透過數據機、電話線路與伺服器，我們可以讀取全球資訊網的各種資料，電腦成爲網路的智慧型終端機。我們不但可以在網路上看CNN的新聞，也可以進入電影網站，看看最近上映電影的片段介紹；或者試聽新音樂專輯，欣賞歌手的MTV，發表自己創作的音樂；也可以加入「世紀帝國II」電腦遊戲的連線戰局；或者像日劇《夏日求婚》裡，保阪尚輝與阪井眞紀在電腦中飼養寵物，還可以互相交換寵物或者幫寵物配對，如果養小貓、小狗，它還會發出聲音向主人撒嬌。

多媒體電腦的特色除了可以同時利用六種媒體進行溝通表達之外，並且易於儲存、複製、修改、重組、傳送各類媒體內容，而且，透過各種輸入設備，使用者可以和電腦進行互動，也就是說，電腦可以因爲使用者的參與和反應而執行不同的程式，不再只是硬梆梆的一個指令一個動作；再加上它具有超文本（hypertext）能力，使用者可以快速穿梭、跳躍資料之間，不須像傳統循序閱讀，使得尋找或處理資料更爲迅速與切確。

所以我們可以預期一個新時代的已經來臨——筆記本型多媒體電腦加上寬頻無線網路會成爲網路時代的終極產品，因爲它可以儲存、傳播、處理各種媒體，我們可以做到不管任何人（whoever），不管什麼時候（whenever），在什麼地方（wherever），都可以取得任何東西（whatever），處理成理想的樣子

（however）。

筆記本型多媒體電腦加上寬頻無線網路會是媒體發展最後的答案。

筆記型電腦雖然體積比桌上型電腦要小，但卻還是占有一定的體積與重量，很不方便，因此，我們發明隨身無線多媒體網路電腦，就是所謂的PDA（Personal Digital Assistant），它可以接收六種媒體，體積也比筆記型電腦小且容易攜帶。PDA的特點包括：花費低（Lower cost）、省電（Energy saving）、體積小（Smaller size）、容易使用（Simple usage）。以往必須依賴電話、呼叫器、傳眞、語音信箱或電子郵件與外界通訊，將來一台PDA就可以解決所有問題。

PDA擁有一般電腦的基本功能，但是它有更人性化的操作方式，只要用筆在畫面上輕輕碰觸，就可以選取指令，也可以直接書寫，機器會自動辨識並轉換成電腦字體。PDA可以說是一台迷你電腦。裝了無線數據機之後，可以將資料透過無線電波傳到設定的傳眞機上，而兩台PDA之間，也可以用這種方式在螢幕上交談，更能隨時隨地傳收電子郵件或聲音郵件，也可當呼叫器使用。

PDA的出現，秘書這個職業要提升，因爲PDA不容易出錯，一但設定記錄，它必定按照記錄進行各項工作；更重要的是，它可以隨身攜帶，二十四小時都不會離開，可以取代大部分秘書的工作，所以秘書必須升級做其他工作。

但是到目前爲止，PDA尚未有固定的規格，有的，外形像行動電話，功能也以通訊爲主，有些則像電子字典，功能較近似筆記型電腦，至於未來兼具各種功能的PDA的標準規格到底是一體成形，或者以分離式的主機，再外接其他配備，尚有爭論。

未來世界三寶

但是無論ＰＤＡ將來的發展如何，以資訊流通的角度看，我們未來的世界只需要三個東西，就可以達到方便快速的目的。

這「未來世界三寶」，一是寬頻無線網路，一是多媒體筆記型電腦，還有就是多媒體隨身網路電腦（ＰＤＡ），這樣任何人（whoever）就可以在任何時候（whenever）、任何地方（wherever）得到想要的任何東西（whatever），並依照他想要的方式處理（however），這就是未來的媒體平台架構。

第五章

未來的媒體

未來的媒體就是發展科技，增加人類可以用以溝通的媒體種類，並且擴大人類的經驗範圍……

前幾章討論的六種媒體以及各種媒體容器、載具和處理平台，這些都屬於聽覺與視覺的範圍，但是人類感知外在世界的方式並不限於聽覺與視覺，因此，未來還可以繼續開發的，是人類的其他知覺方式，像是嗅覺、味覺、觸覺等等，只要發展出適當的媒體容器與媒體平台，讓我們可以任意接收、儲存、處理這些媒體，我們就可以藉由科技創造出對現在一般人而言幾乎「不可能的經驗」，如在太空中漫步、到地心探險等等。

簡單而言，未來的媒體就是發展科技，增加人類可以用以溝通的媒體種類，並且擴大人類的經驗範圍。

想像與真實

相傳，有一名爲杜子春的人，一心一意想要成仙，友人指點他，在深山有位神仙，如果追隨他修煉的話，也許有希望。杜子春一聽，馬不停蹄的趕路上山，待他見到老神仙時，便雙腳齊跪，懇求老神仙教他修煉之法。老神仙要他先坐在一張蓆子上，並告誡他，待會無論他看見什麼，都不可以出聲，如果他可以做到的話，就收他為徒。

老神仙離開後，杜子春的周圍突然出現許多蛇一點一點的靠攏過來，開始繞上杜子春的身體，並開口咬他。雖然他覺得渾身刺痛，倒也不敢發出聲音。稍後，蛇群不見了，卻出現面目猙獰的惡鬼，他裝作什麼都看不見。突然間他發現自己身在衙門之中，因為殺人即將被斬首，當刀子掠過頸項時的冰冷，讓他不禁打個寒顫，來不及感覺痛頭就已經落地。死後他進入地獄接受懲罰，必須深受千刀萬剮之苦，他也咬緊牙關不出一聲。後來，他轉世成為一女子，但是她既不會哭也不會笑，更不說一句話，家人只當她是啞巴，至她及笄之年，父母將她嫁與一商賈之子。婚後她生了一子，但是有天她的丈夫經商不順，回到家中卻聽見小孩哭鬧不休，心中更加氣惱，隨手捉嬰孩往牆角摔去，杜子春見此情景，不覺驚叫出聲。剎那間，一切都消失無蹤，卻見老神仙站在一旁，告訴他「你下山去吧。」

杜子春所經驗的一切，都是「老神仙」製造出來的幻象，但是未來的媒體卻可以任人自由選擇進入「幻象」之中，甚至可以如同杜子春一般改變性別，男人也可以嘗試生小孩的滋味。這就是大家都可能相當熟悉的「虛擬實境」。

拉斯維加斯就提供一種虛擬實境的賽車遊戲，只要戴上特製頭盔、面罩，進入一輛標準賽車中，雙手握緊方向盤，頭盔會開始轉暗，然後，坐在車中的人就會發現自己正在跑道上，預備出發。這時候，駕駛者可以開始輕踩油門，蓄勢待發，等待綠旗一揮，就如滿弓的弦上之箭，咻的一聲，全力衝刺。這時只見窗外的景物在還來不及辨識時，就被遠遠拋在後面，車子激烈震動，突然一個大轉彎，眼看快要撞上護欄了！在千鈞一髮之際，轉動方向盤，好不容易將車帶回到軌道上，心臟跳動的次數似乎比車速還快。驚魂未定之餘，後視鏡中出現一輛車尾隨在後，腎上腺素不由得加速分泌，繼續追加馬力，引擎轟隆聲震耳欲聾，儀表板上熱氣騰騰，好不容易擺脫了尾隨的車，哪知前面竟有輛車翻覆打轉，爲了避免撞上，手中方向盤急轉一百八十度，在高速衝撞下，整個人撞向車門，頭子好像被扼住一般，呼吸困難，而車子也在一瞬間翻覆，火好像要冒出來，極度痛苦之中，卻發現，原來還好端端的坐在車子裡。當然，技術夠好的話，也許可以贏得這場車賽，回到終點，享受眾人歡聲雷動的喝采。

除了賽車之外，也有飛行模擬訓練，這些裝置可以提供近似眞實的操作環境與反應，但是卻可以節省龐大實際操作的經費並免除意外發生的危險。

而要接近眞實環境，就必需提供人類感知環境的其他方式，也就是除了聽覺與視覺之外，人類的其他感覺，如嗅覺、味覺、觸覺；同時，也必須能和行爲者產生互動，未來的媒體發展，就是增加我們能用以溝通的媒體。

未來的媒體

以下我們要探討未來的媒體——包括虛擬眞實、嗅覺媒體、味覺媒體、觸覺媒體四部份—如何運作，以及可發揮何種功能。

●虛擬真實（VR, Virtual Reality）

在電影《驚異大奇航》中，人可以縮小在人體的大小血管中穿梭，由喉嚨穿過食道，看著紅血球快速滑過，在複雜的網狀循環系統中自由移動，到達人體各部位。這在數年前屬於科幻電影，但是現在利用虛擬眞實的技術，卻可以讓手術者化身爲血球，搜索全身大小血管通道，一邊掃描檢視，然後在患部給予適當的治療。

「虛擬眞實」，也有人稱「虛擬實境」，顧名思義，也就是藉由電腦模擬產生的虛構三度空間環境，利用先進的電腦技術，使人們的聽覺、視覺、與觸覺和電腦產生互動，親眼目睹各種虛擬影像，親耳聆聽近似現實環境中的各種聲音，形成逼眞的臨場感。

要進入虛擬眞實中，硬體設備必須包括頭罩螢幕，或者現在所稱3D立體眼鏡，它會感測使用者的眼睛移動方向，使畫面依隨眼球移動路徑而改變，讓使用者宛若置身在眞實的環境中；再加上處理音源的高科技音卡，完全模擬現實世界的所有聲響與聽覺形式，例如，一輛車子經過，可以聽到車子的引擎聲由小漸漸變大，而後再轉小；此外還有電子感應手套或數據裝，用以偵測使用者的行動，以產生對應的反應、模擬眞實的觸覺，以及互動的感覺。

利用這些特殊裝置，使用者可以和電腦建構的三度空間虛擬世界融爲一體，電腦由原先只是提供影像、圖案、文字、聲音、音樂的平面變成立體空間。

二十一世紀人類的生活將因虛擬眞實系統的普及，而展現多采多姿的新風貌，人類的溝通方式也因此邁向新的形態，不再局限於現有的六種媒體。

目前室內裝潢已經廣泛運用虛擬眞實的技術。以往找人設計裝潢房子，設計師拿張設計圖告訴雇主，房屋裝潢後會是怎麼個樣子，但是完成後屋主常會覺得有種被騙的感覺，一點都不滿意，最後只好通通打掉重來，但是今天用虛擬眞實，屋主可以帶上頭盔，走進電腦模擬的房子裡，當設計師說壁紙是什麼顏色，就可以看到那種壁紙貼在牆壁上的感覺，另外其他燈飾、傢具、地毯等也可以看到擺放到屋子裡的效果，等到滿意後，就根據最後的資料設定去裝潢，就不會有後悔的狀況產生。

在英國倫敦，幾家房屋仲介商就以桌上模擬眞實科技系統帶領顧客參觀豪華宅第，室內裝潢、景觀花園造型、房屋油漆顏色、壁紙、吊燈擺飾等等各項相關工程，顧客都可事先過目，一旦有不滿意的地方，在模擬眞實中還可依顧客之意改進。

日本松下電器也在新宿設計模擬餐廳，顧客在和店裡專家商談後，可以進入其模擬產品，必需的話，顧客還可以改變設計，重新組合，使用者可以開門、搬移東西、打開水龍頭，就好像顧客在親自設計廚房一樣。雖然目前的技術上無法做到完全的擬眞，但是這個理想卻是指日可待。

另外日本也運用虛擬科技創造出外型漂亮、歌聲甜美、演技出眾的超級明星，像是電玩「純愛手札」中的女主角藤崎詩織，就出了張個人專輯，另外如目前最著名的虛擬偶像——伊達信子，她還能在電視上表演精彩的歌舞，也上節目接受訪問，且對答如流。但是實際上她並不存在這個眞實世界，完全是虛擬眞實創造出來，因此她也接近人類理想中的完美典型，但是觀眾卻無法分辨她和眞實存在的人之間的差異，這就是虛擬眞實的技術。

更進步的虛擬實境技術則可提供人類在電腦模擬的環境中，任意活動、探索各種事物，就像處身於眞實世界一般。像《超級戰警》中，席維斯史特龍與女主角進行精神做愛，就是透過虛擬實境系統。

虛擬眞實也可以記錄人類想像。當我們到歐洲旅遊時，看到歌德式建築的巴黎聖母院，會情不自禁的發出讚嘆，但是也許在同一時代有其他藝術家，卻沒有機會展現才華，或者技術不夠進步而無法將他的構想實現，當他過世之後，他的創意、藝術構成全都會消失。但是有了虛擬眞實的技術後，這些想像可以記錄下來，如果此刻沒有人能蓋彷若夢幻之城的建築，那麼可以將這個構想儲存起來，保留到後代，發展出適當的建造技術，而不會讓這個構思消失。

●嗅覺媒體

現在電影院已經受到家庭電影院各種專業影視設備的挑戰，願意到電影院看電影的人漸漸減少，除了大畫面與環繞音響外，電影院應該再發展什麼元素才能吸引觀眾？答案是也許可以增加「味道」。當電影中演員在烤肉時，電影院中就瀰漫烤肉的香味；看珊卓布拉克的《浪漫女人香》，可以知道什麼樣的香味可以這般誘人；看《火山爆發》時，可以聞到炙熱的熔岩產生的硫磺味，讓人更有身歷其境的感覺。

而這種嗅覺媒體的功能，不僅可以運用在娛樂上，對醫學的發展可能也有很大的幫助。中醫治病理論講究「望、聞、切、問」，其中的「聞」就是以病人散發的氣味來判斷病情，目前的醫學實驗室中就有人工鼻子，可以聞人類口中的味道，判斷出病患有什麼疾病。

嗅覺也是我們認識環境的一種重要感覺。我的妹妹小時候非常黏爸爸，尤其是睡覺時，只有聞到爸爸的味道才會睡著，但是白天爸爸必須上班，不能整天在家裡帶小孩，爲了防止妹妹哭鬧不肯入睡，只好把爸爸的大衣留下來，讓妹妹抱著那件大衣，她才能安然入睡。如果有可以保留味道的技術，那麼隨時都可以讓妹妹安安靜靜不吵鬧。

未來氣味可以用高科技模擬出來，並加以儲存保留。當需要某種味道的時候，就可以立即出現，如果小朋友在學校上生物課時，老師介紹梔子花，除了可以展示圖片之外，也可以讓學生聞聞梔子花的香味，加深對此種植物的印象。

這兩張圖的內容都一樣。
apple banana watermelon
1
天啊！好難記。
apple banana watermelon
2
有了香味就不一樣了。
3
嗅覺記憶法，用香味幫助記憶！
不香，記不住。
4

●味覺媒體

味覺也可以保存。未來的科技可以將人類的味道保存下來，兩千年後也許沒有臭豆腐，但是臭豆腐的味道如果保存下來，未來的人就可以知道，原來以前的人吃這種東西。

此外，也可以透過電腦鍋鏟，讓做菜者在炒菜的時候，不會鹽加太多或食物淡而無味，還可以根據每個人的喜好，添加不同量的調味料，讓每個人都可以吃的心滿意足。

味覺媒體可以記錄、保存眞實食物的味道，使我們可以據此而製造出某種味道，但卻不一定需要「吃」實際的食物才能體驗那種美味。

舉例來說，鮑魚是很昂貴的食物，並非人人都吃的到，但是透過味覺媒體，想嘗鮑魚的人，按個按鈕，就可以知道到底鮑魚的味道如何；有人的體質不適合吃牛肉，但是她/他若想嘗口牛肉的味道，也可以達成目的。愛吃河豚生魚片的人，就不用冒著料理不當中毒的危險，照樣可以「嘗鮮」。

還有許多特殊的烹調技巧，常常因爲無法記錄而失傳，像「滿漢全席」，凡人無不想親嘗其絕，但是要做出一道道眞正美味的菜餚，還是得憑廚師的經驗與手藝，因此就算有記錄詳細的食譜，未必有手藝高超的廚師，可以烹煮出完全的味道，當今世上眞正能做出道地的滿漢全席者，屈指可數，若現在未能將其味道保存，未來滿漢全席可能就變成一項記載而已。

在《射雕英雄傳》中黃蓉替洪七公煮了許多美味的食物，像是「玉笛誰家聽落梅」、「好逑湯」，一堆稀奇古怪的名目，一會是羊羔坐臀加小豬耳朵、小牛腰子、獐腿肉和兔肉揉在一起的牛條，一會是荷葉、櫻桃、尖筍，再嵌入斑鳩肉煮出來的湯，讓爲吃而活的洪七公讚不絕口，甚至評爲連御膳房的食物都沒這麼美味，如果有味覺媒體可以製造這些美味的話，洪七公就不必冒險跑到御膳房去偷吃東西，我們也可以知道黃蓉的「玉笛誰家聽落梅」或「好逑湯」到底是何種味道。

●觸覺媒體

很多人喜歡逛街買衣服，但是也有些人不喜歡，逛街雖然有趣但也頗耗時間與體力，有時還要跟店員「戰鬥」。在成堆的衣服中，如果好不容易看到滿意的樣式，還要考慮布料是否柔軟舒適，接著還得試穿，看是否合身，當然可能試了三、四件以後，仍不滿意，此時不免看到店員不高興的瞪著眼，或者拖長了語調說：「小姐～～我們的衣服質料都很好，這件妳穿起來也很合身，其他人穿都不一定有這麼好看，妳還要考慮什麼呢？」如果更惡劣的店員，還會兇惡的說，「小姐，再挑就被人買走了，這個價錢已經很便宜了，妳不會買不起吧！」碰到這些狀況，原本高昂的買興也會瞬間熄滅。

在未來，只要將自己的尺寸輸入電腦，電腦再輸出立體（3D）的模特兒（Model），然後以滑鼠點選挑中的衣服，就自動穿到模特兒身上去，哪裡太寬、太緊，電腦會自動顯示，甚至可以據此縫製完全合適的衣服。現在這些軟體都以慢慢開發，像電影《獨領風騷》中的愛莉西亞席佛史東就利用這種方式挑選每天上學要穿的衣服。

但是問題是衣服布料摸起來的感覺如何，目前卻無法知道，未來科技可能發展到可以經過線路，以可感覺的方式傳送觸覺訊號，就可讓電腦前的使用者知道衣服布料的觸感，再決定是否購買這件衣服。

同樣的，居住在赤道地區的人，不必大老遠的跑到北極圈，就可以觸摸冰雪的沁涼；對動物過敏的人，也可以透過電腦輕輕撫摸小貓、小狗柔軟溫暖的感覺。

●終極發展：電腦、網路、生物科技的結合

當上述嗅覺、味覺、觸覺媒體的發展更為進步時，虛擬實境的技術也會更臻於完善，只要透過硬體、軟體設備就可以讓使用者彷若處於眞實世界中，輕易地就可以擴大生活經驗範圍。

現在是科技發展迅速的時代，我們很快就會看到電腦、網路和生物科技的結合，創造更多未來的媒體容器傳播工具和媒體平台，在文字、聲音、圖像、音樂、動畫、影像六種媒體外，尚可藉由嗅覺、觸覺、味覺媒體，開發更多溝通的面相。

第六章

媒體科技發展對人類的影響

媒體未來發展可能產生的正面或負面的影響，如何讓未來的媒體對人類產生最大功用，同時也能避免負面影響，是我們該嚴肅思考的問題。唯有在我們清楚了解未來的媒體後，才能更進一步知道如何去善用媒體，而不是受制於媒體。

現在的人回家時，習慣順便檢查一下門口的信箱中有沒有信件；常使用電腦的人，打開電腦後第一件事就是開啓電子郵件信箱，看看朋友們有沒有送來新奇的玩意。除了信件之外，幾乎每個人都會使用電話、答錄機、傳眞機，也有人用呼叫器或者行動電話，這些工具，使我們可以順利的和他人溝通。不管我們想找的人在世界上的哪一個角落，我們總是能很快連絡上。

對現代人來說，使用這些媒體是天經地義的事，可是，我們應當了解，這一切都是現代科技的高度發展，才使我們可以享受這樣便利的生活。如果我們比較一下以前的人如何使用媒體，就可以發現現代人是多麼的幸福。

在余秋雨先生的《文化苦旅》一書中，有一篇〈信客〉，提到他的故鄉中一種特殊職業——信客，顧名思義，他的主要工作就是送信，他必須將家鄉中各人家所託的東西送到外地謀生的親人手中，再替他們將工作所得帶回家中分發給各家，工作很像現在的郵差，但是他們運送的東西除了信件之外，還包括衣服、食物、布匹、口信等等其他東西。要擔任信客，必須對各地交通、地理環境都很熟悉，因爲外出的人散佈各方，每一次的任務，信客幾乎都必須翻山越嶺，如果信客一天到晚都在找路的話，很可能東西還未送到旅人手上就已經腐壞了。

信客的利潤非常微薄，因爲小村鎮中的生活本來就很艱辛，大家根本沒有多餘的錢付給信客，他必須儘量用最節省的方式走完一趟旅程。

當信客非常辛苦，但是卻是少不了的一種工作。因爲以前的人，難得出一趟遠門，生活範圍幾乎是固定不變的，所認識的世界，也侷限於此。在電訊尚未發達的時代，城市和鄉村間唯一的溝通方式，就是依賴這種特殊的職業——信客，如果沒有他，也許臨行的一別，便可能是此生的訣別，所以在古時候，遠行是一件大事。而「做信客的，就得挑著一副生死禍福的重擔，來回奔忙。四鄉的外出謀生者，都把自己的血汗和眼淚，堆在他的肩上。」余秋雨這樣形容信客的辛苦和重要。

但是信客這種傳遞訊息的方式，卻容易產生問題，像是捎口信，怕信客會忘記，傳達不完整的訊息；托帶信件或物品，又怕信客不小心遺落；而當信客帶回外地遊子的消息時，如果是喜訊，大家歡喜，如果是悲傷的消息，家屬的各種反應，信客都得默默承受，對於等待者而言，也未嘗不是個遺憾。

當科技發展到一個程度，上述的情景就不復存在，捎口信轉變爲語音電子郵件，信件也可用傳眞或電子郵件取代，若想知道家人在外地的生活，可以請他們拍攝成影片，寄回家裡；或者可以用影像傳送的方式，讓在喜馬拉雅山渡假的爸爸也可以知道在亞馬遜河探險的兒子正在做什麼。

報紙發明後，使「秀才不出門，能知天下事」，媒體的發展，更使「天涯咫尺」成爲事實，世界的距離不再遙遠。我們可以確定，科技的進步，會帶來基本生活形態的改變，人類以異於以往的方式認識、接觸世界。在可預見的未來，我們的生活方式，會有許多變化。

媒體科技與生活

綜合前面所討論的未來的媒體，我們知道，寬頻網際網路硬體設備，可以傳送精緻的音樂與影像，因此，我們可以選擇播放各種音樂作爲晨呼，我們也可以再加上高畫質電視，高傳眞音響，以視訊隨選服務，欣賞各地風景，居住在水泥建築物之中，也可以像徜徉在蒙古的大草原、或者隱身沙哈拉沙漠漫天風砂飛揚中，可以到冰雪封天的南極洲，可以逛逛普羅旺斯鄉間小路，或者不費吹灰之力登上玉山之頂，各處都可到達。

●虛擬實境

若是裝置虛擬實境的設備，更可有身置其中的效果，但卻又沒有實際行動的危險，世界可以被縮小到斗室之中，不再有所謂的「天涯海角」。

我們也可以透過網際網路，邀集各方好友，進行網路派對；也許我們的牌搭子可能遍佈在地球的東南西北各一方，但是卻可同時上線打橋牌、摸八圈。

●互動式遠距教學

這些設備除了提供休閒娛樂外，亦可用於教育、工作、醫療等等範疇。利用寬頻網際網路及電傳視訊，可以進行遠距教學，學生和教授不必集中到學校上課，也不必離鄉背井出國留學；此外，知識的獲取將不再是被動的學習，個人可以藉由網際網路的設備，尋求任何所需知識與資訊；學習也不再是階段性的過程，而是隨時隨地、終身不斷地吸取知識，舉例來說，當我們藉由視訊隨選服務遊萊茵河時，也會有旁白做適當的解說，介紹沿途風景民情，當它介紹當地頗負盛名的紅酒時，我們若對紅酒的生產製造過程有興趣，就可以直接選擇進入紅酒製造的畫面，仔細觀看釀酒的每一階段，了解其中奧祕。正是所謂的寓教於樂、適才適性的學習。

●虛擬公司

對於工作的影響是使個人可以在家中以視訊會議和他人溝通，無須集中到公司上班，減少耗在交通上的時間和其他資源，同時透過網際網路，可能形成「虛擬公司」，個人在生涯中將不斷變換擔任的工作，對個人而言，更須不斷吸取新知。

●遠距醫療

在醫療的領域中，同樣可以視訊傳播，聯合各地專業醫生進行醫療工作，並能隨時更新個人醫療記錄，如果一個人在國外患病，遠地的醫生同樣可以藉由醫療網路取得病患資料，減少時間延誤可能產生的危險。若配合更進步的程式設計，可以幫助醫生判斷病人對某種藥物是否有過敏、排斥現象，才可開始正確而適當的處方，也可檢查病患日常生活飲食習慣是否容易導致某些疾病，進而可事先預防。個人也可以清楚掌握自己的身體狀況，和醫生建立有效的溝通。

寬頻網際網路再加上大哥大影像電話或者個人隨身電腦PDA，可以讓個人隨時隨地處理各項事物，除了一般的通訊功能之外，更可結合電腦，做資料傳輸、查詢、對談、記錄，以人性化的觸控螢幕及筆式輸入介面，使用方便，人與人之間的溝通更爲簡潔有效率。

●人際溝通

這些改變同時也影響了人和人的接觸方式與接觸頻率。學校和公司兩大社會聚合點的逐漸消失，使以往以同學、同事建立起的關係不再那麼重要，現在人與人之間的疏離狀況有變本加厲的可能，但是另一方面，透過網際網路的溝通，個人與個人間的接觸頻率反而提高，以往電話只能一對一交談，但是網路上的交談則是多對多的情況，一封電子郵件可同時傳給無限多人，不須像傳統信件可能要花上幾天工夫才可能送到對方手裡，因此訊息的流通也比以往快速而多量。

●資訊流通

媒體科技的進步帶來的另一個影響是，對個人而言，「資訊爆炸」的情況可能加劇，因爲媒體傳輸的速度與容量大增，一秒間有成千上萬的訊息在網路上流竄，面對這種狀況，如何有效使用隨手可得的大量資訊，是個人十分重要的課題。

未來的世界中，在太空中形成低軌道衛星網絡，結合寬頻網際網路、大哥大影像電話，再加上個人隨身無線多媒體網路電腦（簡稱PDA），可以即時傳輸文字、圖像、聲音、音樂、動畫、影像六種媒體，配合生物科技，能擴大人類的溝通方式，藉由這些媒體，人類的生活形態也會有所不同，我們可以試著想像，未來的生活樣貌。

未來的一日

在前面所談到的各種媒體新科技的影響下，也許，我們就以一個二十八歲的單身女子慧宇爲例，看看在不久的將來，她一天的生活中，如何利用各種媒體來處理工作，以及如何和朋友、情人進行互動，如何渡過休閒時間。

●在樂音中甦醒

這是一個清爽宜人的早晨，慧宇的耳畔響起一陣陣清脆悅耳的鳥鳴，但是她一直無法分辨，那到底是彎嘴畫眉的聲音，或者小竹鳥、白鷺鷥、還是斑鳩、小捲尾，有時候，她還會聽到許多種鳥兒齊鳴，說它們正在演奏孟德爾頌的《四季》也不爲過，因爲那正是各個季節中最眞實的自然之音，只是頑皮的樂手不照著節拍，隨性之所致而高低起伏，有時聽似優雅動人的小提琴，有時卻彷若小孩子間互不相讓的鬥嘴。

慧宇最喜歡在小鳥兒的叫聲中慢慢醒來，這會讓她有種被幸福圍繞的感覺，因此，每週她都不忘上網尋找她喜歡的樂曲，然後告訴網路音樂公司，這個禮拜每天早上要播放的音樂，以代替嘈雜的鬧鐘，讓每天都有愉悅的開始。

有時候，網路音樂公司也會給她意外的驚喜，像今天早上的鳥鳴，真使她彷如置身山野林間，而鳥兒就在她身旁飛翔一般。

●超級大管家

這是一個美好的早晨，慧宇心裡充滿著喜悅，因而精神抖擻的開始準備今天的工作行程。

她瀏覽了「隨身秘書ＰＤＡ」今天的行事曆，上午十點要提出一份關於跨文化兒童教學光碟的企劃案。透過網際網路，她已經收集到不少資料，但是將這些資料整理閱讀消化後，仍有不少問題無法解決，她決定直接請教專家，昨天下午她已經發了電子郵件給她在美國求學時的指導教授，信發出後一個小時候她就收到教授的回信，告訴她今天早上九點可以撥出一點時間和她談談，同時也希望見她一面。

突然間慧宇的肚子咕嚕咕嚕叫著，不過冰箱中好像沒有任何可以塡肚子的東西，於是拿起PDA，查詢離家最近的餐館電話，請他們傳一份菜單過來，她點了特大號的培根漢堡和一份凱撒沙拉，外加一杯柳橙新鮮原汁，但是店員告訴她，做沙拉的材料沒有了，如果慧宇可以多等十分鐘的話，他們可以立刻從別處調過來。慧宇想，不差十分鐘，於是請服務生備齊之後送過來。

十五分鐘後，門鈴響了，慧宇愉快地接過早餐。

●千里傳情易

吃完早餐也快九點了，慧宇將影像電話連結電腦網際網路，一會兒從麥克風就傳出教授親切的聲音，她也從螢幕上看到教授坐在他那張充滿古意的檜木書桌前，含著菸斗，一派悠閒的模樣，親切寒喧之後，教授即仔細和慧宇討論她提出的問題，同時慧宇也將重點寫入PDA中，這樣等一下就可以很快的整理出來。解答完慧宇的疑問後，教授還不忘告訴慧宇如果再有問題歡迎隨時連絡。慧宇連聲道謝，她知道教授喜歡白色的吊鐘花，所以就請網路花店送一盆給教授，並附上一張小卡作爲謝禮。至於費用，她以電子金錢（e-cash）付款，無須做任何處理。

她一邊將剛才和教授討論的問題打成大綱，一邊計畫在今天會議中要提出的新研究方向，先前她已經擬了幾個主題，像是虛擬眞實程式開發、多媒體創作、網路行銷技巧、都市環保與生活，但是她一直拿不定主意，因爲對每一個題材都有興趣，她想再提出更確切的架構後，交由他人執行。

●空中大會談

開會的時間將近，今天的議程由公司和美、日的兒童教育發展研究協會合作，所以三方都需參與會議討論，慧宇必須到公司使用視訊會議系統開會，雖然慧宇自家備有桌上型視訊會議系統，但是所能進行溝通的對象有限，所以得到公司使用會議室型視訊系統，對於平常習慣「家裡蹲」的她而言，多少造成一點麻煩，因爲她得考慮服裝、報告時的肢體語言等，還得努力克制自己不要不知不覺就將筆咬在嘴裡。

時間還剩十五分鐘，慧宇鑽進車子裡發動引擎，到公司只要十分鐘，但是得先解決停車問題，她啓動自動撥號，連線到停車場的查位系統，很快查到公司隔壁的立體停車場還有幾個車位，她選擇了一個空位，按下預定扭，待會就不用花時間找了。

雖然只有十分鐘的路程，慧宇調整廣播頻道，點了兩首最近的新歌「想見你」與「最近好嗎」，順便將音樂檔案複製到ＰＤＡ資料夾中，這樣，她就可以隨時反覆聆聽了。

到了公司，同計畫小組的成員都到齊了，平常同事間就很少碰面，有事連絡往往透過電話或電子郵件，談的也都是公事，人與人間的接觸並不算頻繁，有時候慧宇會很疑惑，難道工作的目的只爲了完成每一項工作，而不是藉由人與人的互動，相互討論、閒話家常、互相激勵的樂趣？不過相較於每天固定在一個地方工作八小時，慧宇寧願自由的安排時間與工作進度。至於和人接觸的欲望，在網路上認識的網友，倒還可以「促電腦常談」，不愁沒有說話的對象。同時，慧宇也固定上幾個討論群，碰上有志一同的網友，談起話來往往欲罷不能，有時連男友都會吃醋，埋怨她花太多時間在網路上了。慧宇也認眞檢討過自己，不過要她離開網路世界還眞有點困難，有太多事情都必須依賴網路，這也是和外界交通汲取養分的便利管道。

● 看不見的公司

隨著網路的發展，也許以後會慢慢演變成虛擬公司吧，慧宇想，它是因應需求而臨時組合起來的（Assembly Company），一個計畫中，需要那些工程師，那些推銷員，那些製造員，只要透過網路臨時去找，募集到足夠的人員後，形成計畫小組，若這個計畫失敗了，大家各自回到以往的工作崗位；如果計畫成功了，也許推出下個產品，和原來的計畫不屬於同一範疇，不再需要這些人，就解散計畫小組，另外再透過網路尋找適當成員，組成另一家臨時公司，推動新的計畫。

一旦這種新的工作形態成形，以後每個人的工作生涯也不再是階梯式的發展，沒有一個固定的公司，再也不用從小科員、課長、副理、經理等職位慢慢向上爬升，這種階梯式發展容易形成人力浪費，往往有些很有能力的後進者，必須耗費很多時間才能升到領導階層，而如果是個不善於處理人際問題的人，很可能就會陷在這階梯中上下不得，慧宇憶起她曾有個朋友，就常因爲人事問題打電話來像她吐苦水，她除了給些無關痛癢的安慰外，也幫不上任何忙，那時慧宇就很慶幸自己是「個人工作室」，如果她也進入一般公司的話，她覺得自己一定永遠都只是個基層職員。加入現在的公司，也是因爲可以建立起獨立的合作形態，她才加入，一方面可以利用公司龐大的資源，另一方面，她又可以保有個人獨立的工作形態，至於對工作夥伴的陌生感，慧宇覺得那是必須犧牲的代價。

未來若以虛擬公司爲主要工作形態，對每個人來說，都必須爲自己的生涯做妥善的規劃與安排，依靠精密的規劃與外在人力、資源的配合，雖然在公司編制內只是一人，卻照樣能達成十幾個人的團隊所需完成的任務。

面對這種趨勢，慧宇預估在工作生涯中她可能會經歷數次的工作技能轉換，原有的工作型態會逐漸消失，需要不停地學習新的技能，來挑戰新工作內涵，而非一直沿用在學校中所學的那一套，對於像慧宇這類喜歡面對未知的人而言，這未嘗不是種機會，可以不用固定做某種工作，因爲任何事情做久了就會變成例行化的公式，讓人生厭，另一方面，又可依自己的喜好選擇各類型的工作，不再被原先所學的技能限制住。

⑤ 活到老學到老

一小時後，會議順利結束，慧宇又拿到幾筆資料，她迅速的整理進相關的檔案中，對於跨文化的議題，一向是她的關注焦點，這次做出來的東西，慧宇希望能夠幫助兒童獨自運用網際網路，以便達到隨時隨地學習的效果，讓小朋友能從小就自然地以網路攫取知識，而非等到學校授課才能學習。這也會是往後的主要學習模式，學習環境將發展成到處學習，在家裡或任何地方都可以接收到各式各樣的媒體。

兒童還會面臨的另一個重大改變，就是從階段學習轉換到交替學習（終身學習）。慧宇覺得過去從學校畢業後就進入社會，而進入社會後，就不太可能再回學校學習了，但是工作之後才發現，自己所學是如此淺薄，很多東西必須再花雙倍力氣學習，而很多以前學習的東西也會因爲久不使用，畢業一、兩年後就忘得差不多了，這種學習方式實在很沒效率。現在科技發達，如果不能善加利用，做到終身學習、交替學習，那麼小朋友們又得走一段冤枉路了。

如果可以藉由各種媒體，增加學習的樂趣，開發各種學習方式，例如使用動手做、模擬、動畫等方式教學，也比較能適合不同的小朋友，可吸引原先不愛唸書的孩子。慧宇就是想要設計出一套媒體教學軟體，除了互動、有趣之外，還可以讓兒童向它提問題或改變某些變數的設定，看看所產生的結果。老師或父母也不需要拿著鞭子在後面逼迫小孩學習。

當工作與學習密不可分時，人們經常需要一邊工作、一邊學習；這種交替現象到最後會需要知識隨選（Knowledge on demand）服務系統，當某項問題需要解決或突破，而本身缺乏相關知識時，就可以馬上尋求相關的課程或教學軟體，或者透過網路找尋相關的專家，直接向對方請教。這種方式學習，慧宇深受其惠。就像她請教教授一樣，不必千山萬水跑到美國去留學，才能取得這知識。而且一但想解決某個問題，就把這問題送到網路上去，網路上馬上有人會回答這個問題，甚至會播出影片來解釋，這就是所謂的「知識隨選」，也唯有網路發達的現代才能辦到。對小朋友而言，如果能儘早熟習這種求知方式，將會受益無窮。

●在瀑布旁的午餐

開會好像特別消耗體力，還沒過十二點，慧宇的肚子卻已經餓得咕嚕咕嚕叫，她查了一下義式餐館的電話，選擇了一家口碑不錯的店，點了一份義大利麵，再加一小盒低脂冰淇淋，十分鐘後，她到家，食物也到家了。不過她倒是想起要進行的減肥計畫，她提醒自己，吃過飯後一定要連絡營養師，擬定適合目前身體狀況的計畫。一切就緒後，慧宇打開大型壁式螢幕，連線到視訊供應公司，選擇一部阿拉斯加瀑布的影片，霎時間，整個餐廳就響起瀑布沖刷而下的聲音，掩蓋一切嘈雜的噪音，飛濺的白色水花，彷彿在身旁跳來跳去，甚至可以感覺到一股寒意，慧宇調整好焦距的遠近，開始悠閒的吃起午餐。在大自然中最能叫人放鬆心情，雖然沒有空閒時間可以到郊外走一走，利用高傳眞的電視欣賞風景倒也有身歷其境的功效。

●網路萬萬歲

吃完飯後，慧宇上網收信，這已是她每天必做的功課，如果一天沒收到信，就會讓她覺得渾身不對勁。今天她一打開電子郵件信箱，就看見一封繳交電信費用的通知，她塡妥相關資料後，傳回電信機構，帳款會自動從銀行戶頭裡扣，她不必親自跑去繳費，對於不喜歡外出的她來說，這眞是方便的措施。

第二封信件則是一家網路購物中心的廣告，慧宇曾在這個網站購買家電用品，現在他們推出一種新型的電子微波爐，功能比舊的型號還要多，並且可以整合進家庭內部網路，但是對慧宇而言，這不是她需要的東西，她寧願叫外賣食物，也不想自己動手做。不過對於新的功能，慧宇倒是很有興趣，當家電一樣樣串連在一起後，只要在電腦中啓動一個程式，選擇適當的食譜，按一下扭，逐步操縱各種器具，自動做出可以吃的食物，就不必再爲解決吃的問題而煩惱了。同時還可一併計算食物的熱量、營養素含量，控制飲食均衡，減少各種飲食不當引起的疾病。想到這裡，慧宇決定立刻連絡她的營養師，和他討論減重食譜的內容。

慧宇找到營養師了，當慧宇敘述完她的目的後，營養師請慧宇重新輸入目前的身高、體重等基本資料，營養師同時也調出慧宇最近的就診記錄。綜合這些資料，輸入電腦進行營養分配運算，他告訴慧宇，半小時後，就可以計算出適當的飲食表，建議的適當運動量，以及最安全有效的減重計畫，此外還會附上必須注意的各種可能狀況，請慧宇務必仔細研讀。

另一封郵件，是朋友提醒她晚上聚會的事情。兩個禮拜前，和大學時代的好友決定要找家有趣的餐廳聚一聚，約定了今天晚上七點在東區的ATT廣場碰面。她想著今晚的聚會，心裡著實充滿期待與興奮，已經有一段時間不曾玩到深夜，也好久沒和朋友徹夜長談了。

不過要到東區，得早一點出門。慧宇住市郊，開車到市區至少也要花五十分鐘，當初選擇這裡，是因爲它遠離市區，周圍一片湖光山色，再加上工作不須每天通勤，比起擾攘喧囂的都市，慧宇愛極了這個略帶鄉村風味的地方。所幸現在的工作形態，使大部分的人都在家工作，不須集中到某個定點，居住地點也不一定要在離公司較近的地方，可以選擇遠離都市的居處，因此沒有交通巔峰時間，除非發生交通事故，否則任何時間都不必怕塞車。

*秀出自我風格

事情好像很快都處理好了。於是慧宇撥了通電話給在巴黎採訪服裝展的男友，她也很想看看今年的秋裝風格，男友透過影像傳輸，爲慧宇作現場轉播。看著伸展台上的模特兒，慧宇眼睛一亮，有件粉藍色的細肩帶長裙，在左邊的腰際別上一串白花茉莉，做出縐褶的效果，同時也襯托出婀娜體態。她立刻將畫面拷貝下來，開啓服裝設計程式，輸入基本資料，讓電腦依自己的體型繪出立體模型，然後把剛才的畫面叫出來，將衣服和模型結合在一起，她想看看自己穿上那件衣服的味道如何，不一會，影像合成就完成了，不過，從畫面上看來，她好像胖了點，那件衣服穿在身上讓下半身看起來有點過於「突出」，於是，她繼續又換了幾種布料，最後決定以紫色絲絨、藍色雪紡紗、米色麻布各裁製一件，她將資料存檔後，寄了一份給服飾裁製店，請他們依樣製作。

＊夢幻世界

晚上慧宇和朋友約好要去一家有虛擬眞實裝置的Pub玩，今天的主題是中世紀歐洲的古堡皇家舞會，進場時漆黑一片，櫃台服務生發給他們一副狀似眼鏡的螢幕感應器，戴上「眼鏡」之後，原本伸手不見五指的會場，霎時大放光明，金碧輝煌的大廳正中，垂吊著大型水晶燈，數以萬計會發光的水晶珠子，閃耀著如夢幻般的光影，蘊藏令人目眩神迷的蠱惑魔力，讓人很難移開目光。不知何時，慧宇身上的衣服也被換成中世紀特有的蓬裙，只是領口似乎太低了，不是慧宇習慣的樣式，她努力的將長髮撥到胸前，企圖遮掩已經微紅的胸口。

曼妙的華爾滋音樂響起，有位看起來文質彬彬的男子邀請慧宇共舞一曲，慧宇完全沈浸其中。忽然慧宇的行動電話響了起來，慧宇努力穿過人群，尋找一個比較安靜的地方，電話接通後，傳來男友的聲音，她迅速關上電話的螢幕，因爲她並不想讓男友知道她現在正在一家Pub中狂歡，否則他一定又喋喋不休。不過慧宇這個動作倒是多此一舉，因爲現場實際上是一片漆黑，就算螢幕開著，她的男友卻什麼都看不到，能夠看到絢爛多采的宮廷、裝扮華麗的人群，只有帶著特殊裝置的慧宇而已，她顯然忘了這回事。

慧宇是在網路上認識她男友的，那時慧宇喜歡上討論「電腦音樂」的網站，站上通常都有專供發表個人Midi創作的區，慧宇自己也在玩Midi，所以常上網站去欣賞別人的作品，同時也互相切磋，或者尋求一些音樂製作問題的解答。而在一個名為「夜音旋繞」的站，站主總是仔細詳盡的解答慧宇提出的問題，並不時和慧宇討論關於音樂的理念，慧宇覺得兩個人的創作理念相近，漸漸地，在討論音樂之外，也會聊起個人生活中的大小事，久而久之，雖然未曾見過面，卻發現很兩人談得來，慢慢地也成為知交，雖然第一次的碰面有些尷尬，但是彼此早已形成的默契很快的就解除這份尷尬的感覺，較之慧宇以前認識的其他異性，這個後來成為她男友的人，也許因為彼此「早已認識」的關係，很快的就墜入情網中。

回到舞池中，慧宇找到她的朋友，兩人決定開車回到朋友的住處，途中經過一家便利商店，慧宇當然不放過這個儲備零食的好機會，於是她進入店裡，搬了許多食物，外加一瓶波爾多紅酒，在浪漫的夜晚，當然少不了這紅寶石般的瓊漿玉液，等會還可以透過視訊公司播放紐約夜景或者北極的極光景致。想到這兒，慧宇臉上不覺綻放出一朵甜甜的微笑。

她很高興，今天會有個美麗的結束。

小結

看完上述主角一天中的生活情形，是否覺得似曾相識？在《魔鬼終結者》一片中，導演就安排了類似的生活方式，但是，在二十一世紀開始之前，這樣的生活形態，會逐漸成爲普遍的生活方式，不再只是停留在科幻電影中。

媒體未來發展可能產生的正面或負面的影響，如何讓未來的媒體對人類產生最大功用，同時也能避免負面影響，是我們該嚴肅思考的問題。唯有在我們清楚了解未來的媒體後，才能更進一步知道如何去善用媒體，而不是受制於媒體。

第七章

媒體產業的未來發展

看《鐵達尼號》的錄影帶時，可以從電視上看到整個節目的內容，這時這捲錄影帶就是一個 TITLE，只是它的播放平台是電視與錄放影機……

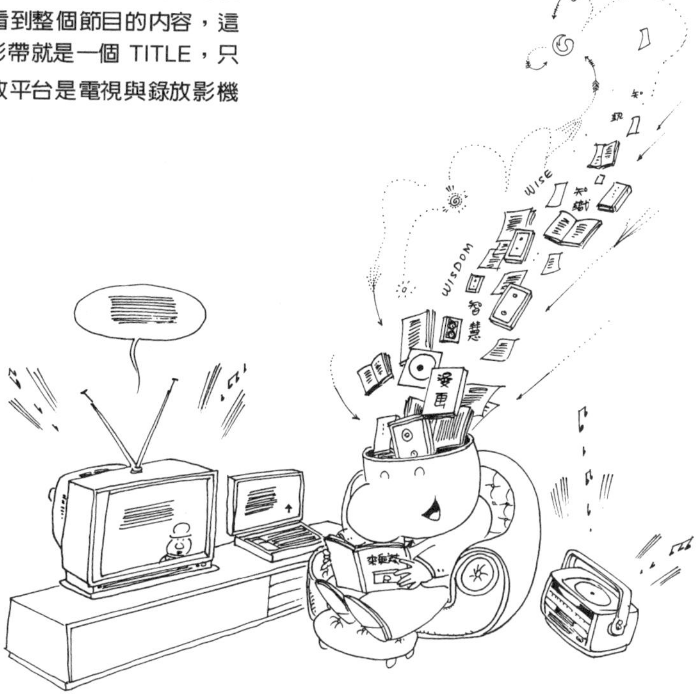

本書在前六章詳細探討媒體的定義、媒體容器、傳播工具、處理平台發展歷史，以及未來的媒體樣貌。

而在可見的未來，媒體產業究竟會呈現何種趨勢？這是本章探討重點。

一、媒體容器產業之可見未來

1. 書

書籍是很重要的媒體容器，記錄知性與感性為主。在可見的未來裡，書的發展可分為五類：

● **傳統書：**

傳統書是指我們目前對書的一般概念，也是目前主要的書籍形式，是以紙張紀錄文字及少量圖像的媒體容器。

我們通常將書籍視爲一項重要的文化資產，因爲它能記載文字與圖像，使數千年來人類的智慧得以保存與流傳，所以書籍一直被賦予崇高的地位。

但是在歷史遞嬗過程中，書籍的性質也逐漸轉變，它除了提供知識與資訊之外，同時也提供休閒、娛樂之用，成爲一種文化商品。在現今社會的文化領域中，它必須和各項五光十色的文化商品競爭，或者共同依存，傳統書的地位不再立於一尊。

● **漫畫書：**

書的第二種形式是漫畫書，漫畫書是以紙張紀錄圖像爲主，少量文字爲輔，漫畫書的特色是圖像表達及圖像閱讀。像風行一時的《蠟筆小新》《灌籃高手》《金田一少年事件簿》等漫畫書籍，都以鮮活生動的圖像，搭配文字豐富表達意涵，吸引爲數眾多的讀者。

傳統書以文字表達意義，漫畫書則是以圖像來表達意義。舉例來說，當作者畫一座山，山頂飄幾朵白雲，我們就知道這是一座「高聳入雲」的山；或者，要表達一個人在睡覺，作者會以英文「Z」的符號來表示；如果漫畫《蠟筆小新》或《灌籃高手》一開始就使用文字表達，可能無法像現在一樣暢銷，因爲其中有些動作、情緒甚至場景，文字的表達反而無法如圖像表達那麼精確，文字的影響也不若圖像般直接，像《蠟筆小新》的主角雖然只是個上幼稚園的小朋友，但是卻也十分「欣賞」美女，作者只要畫出一個眼睛閃閃發光的小新和一個美女老師，無須其他文字敘述，讀者就可以清楚了解作者表達的意義。

漫畫書以圖像表達意義，對讀者而言，是以閱讀圖像來了解作者所言，圖像閱讀可以省卻部份文字敘述，因爲文字敘述需要結合知性和感性，例如，當文字使用「抑鬱」來形容一個人的心情時，讀者必須明白「抑鬱」的基本意義，這屬於知性部份，此外讀者必須具備的感性部份是他要能分別「抑鬱」和「傷心」或者「憂鬱」等情緒上的異同，才能完全了解這個語詞在文章中表達的意義，但是如果只是形容一個動作，如一個人站起來，戴帽子、開門、走出去，這並不牽涉知性或感性，直接使用圖像會比較容易了解，可節省閱讀理解過程須耗費的時間。當我們看到漫畫人物臉上出現一些垂直線條時，我們立刻知道他陷入窘境，或者碰到無法預料的狀況，這並不需文字鉅細靡遺的描述。

人類的認知方式永遠以視覺爲先，因此閱讀圖像不需要任何學習，漫畫即以圖像爲主，文字爲輔，這個特性影響傳統書慢慢增加圖片，提高閱讀的舒適性，使讀者較易接受。未來傳統書與漫畫書兩者的差別，主要是圖像和文字主從關係不同。

●有聲書：

有聲書是以紙張紀錄文字及少量圖像，加上以錄音帶（tape）或CD紀錄聲音與音樂。

一方面擴展人類的經驗範疇，一方面也提供多樣選擇。

在擴展人類經驗範疇方面，以往我們幾乎都只以少數媒體來接收各種資訊，可能只閱讀文字或圖像，或者只單純的接收聲音或聽音樂，但是有聲書結合四種媒體，以音樂書籍為例，以往我們看書只能藉由文字了解音樂史，作者、曲目介紹，或者樂評，但是若加上音樂CD，在閱讀之際，還可以聆聽書中評介的樂曲，當我們看到華格納評貝多芬的第九交響曲：「這旋律如嬰孩般純潔……，它的清純迫向人心，使人感覺顫慄。」就可以邊欣賞音樂，以了解華格納所言為何。

有聲書也提供更多樣的媒體選擇，當我們沒有時間閱讀文字時，我們可以聽錄音帶或CD，同樣可以豐富我們的感性與知性。

●影像書：

第四種書是影像書，它以錄影帶（Video Tape）、影音光碟（VCD）或數位影像光碟（DVD）紀錄文字、圖像、聲音、音樂、動畫、影像六種媒體。

影像書會很快就發展成另一主流，一本書附上錄影帶、影音光碟或數位影像光碟，使讀者在閱讀文字之外，還可以聽到作者現身說法，看到作者樣貌，甚至可以跟著作者遊歷書中提及的世界。

傳統書以紙張記錄文字和圖像，影像書卻可以記載文字、圖像、聲音、音樂、動畫、影像六種媒體，而且體積小，容量大，保存容易，一片光碟，可以儲存一年份的日報、晚報所有內容，甚至可以儲存一部大英百科全書，光碟並具有隨機存取、瀏覽、快速檢索等功能，同時可進行各種編輯處理。

二十一世紀是個資訊量暴增的時代，所涵括的訊息不再只是文字資料，未來將包括更大量的圖像、聲音、影像等類型媒體，因此容量大而體積小的多媒體光碟書將成爲重要而普遍的媒體容器。

●電腦書：

電腦書有兩類，一是以IC卡紀錄文字、圖像、聲音、音樂、動畫五種媒體，並可執行互動操作的電子書。另一種電腦書是以CD-ROM／RAM或DVD-ROM／RAM紀錄文字、圖像、聲音、音樂、動畫、影像六種媒體，亦可執行互動操作。

IC卡和CD-ROM／RAM的差別是IC卡的容量較小，所以無法記錄影像，但好處是IC卡體積小，便於隨身攜帶。這兩種電腦書的特色是可以執行互動操作，這是和其他四類書籍最大的不同。上述第一類到第四類書籍的內容是固定的，而電腦書因爲可以互動操作，所以可隨機變化書的內容。一本書需要作者與讀者雙方發揮創造力才得以完成，所以，即使閱讀同一本書，但是每個讀者閱讀的內容卻會因人而異。

傳統小說只有一種結局，但今天玩電腦遊戲如《三國演義》，結局都不太一樣，可以是曹操一統天下，也可以是劉備一統天下，或者任何名不見經傳的人完成統一大業。一部愛情小說會有多種不同結局，因爲讀者可以不同方式創造情節發展與安排結局，以後讀者閱讀可互動的電腦書時，可以一再重複閱讀，但是每次故事的發展、結局都不一樣，這可以增加閱讀樂趣。

對書的作者而言，必須有更豐富的想像力，在一部書裡，可以設定數個角色，讓讀者在不同閱讀時間裡，可自由選擇角色，不同的組合就會產生很豐富的變化。配合多媒體技術，作者如果書寫懸疑小說，可以加入背景音樂，或表現出幽影幢幢的現場，四處飄動的鬼魅動畫，使書充滿不可預料的驚奇。

在可見的未來，書會產生這些變化，西元兩千年前我們就可以看到這五類書籍。

1. 錄音帶、CD

錄音帶或者CD是記錄聲音和音樂的媒體容器，它的主要功能是提供娛樂。

錄音帶是過去重要的記錄聲音或音樂的媒體容器，但是近來其他可記錄聲音、音樂的容器相繼發明，錄音帶的使用逐漸被取代，以CD爲主流。

CD唱片是所有媒體容器中最成功的一種媒體容器，它最大的特色是使用者除非擁有特別的工具，否則無法自行複製，但是錄音帶就可轉錄，因此張學友的唱片才可能賣到三百萬張，所以在所有媒體容器中，CD可說是最成功的一種。

但是可以複製的DVD或CDR（可燒錄式光碟片）也慢慢普及，在這種狀況之下，對音樂市場產生很大的影響，因爲藉由這些工具，閱聽眾可以輕易複製自己喜歡的音樂，毋需購買即能擁有。

DVD目前都是影像（Video）爲主，目前正在發展的是Audio-DVD。其中的重要關鍵就是它能處理α波，我們聽音響時，即使再精密的器材，它所播放的樂音，和我們在現場聆聽的感覺仍然不太一樣，這是因爲在聲波的頻率中，人類只能接收部份波段，但是其他無法接收的波段，也就是α波，卻可以「感覺」到，所以在現場聽的效果和音響播放的效果有所差異，因爲臨場感是α波控制的，而目前的音響器材無法處理α波，所以現在影音科技專家致力於研究

α波，繼續發展音響的效果。

另一個走向就是迷你音響，未來的隨身聽一定會小到只有現在錄音帶體積的一半，因爲它使用半導體爲材料，不須以往的空間，這也是發展的一個主流，將來的音響體積會很小，可以隨身攜帶、隨處置放。

總結來說，以後聲音、音樂兩種媒體的容器，會朝兩方面發展，一是研發更好的容器，也就是發展α波，一是朝向迷你音響發展，未來甚至可以結合行動電話，除了可作爲通話器之外，亦可當收音機聽音樂。

這是我們可見的發展主流。

3. **錄影帶**、VCD、LD、DVD

錄影帶、VCD、LD、DVD可以記錄六種媒體，其功能則以提供娛樂爲主。

我們在第二章提過，錄影帶可記錄六種媒體，並可重複錄製，再加上錄影機等硬體設備價格便宜等特性，因此幾乎成爲家家戶戶必備的設施之一。

VCD與LD的出現，並未能取代錄影帶，因爲這兩者雖然保存較易，體積較小，但是卻無法錄製，DVD除了保存易、體積小等優點外，容量更達9.1GB，並可錄製九〇年代的影碟。在電腦多媒體的烘托下，開始有取代錄影機的趨勢，企業界預計，在兩年內，DVD將會完全取代VCD與LD，成爲影音的主要工具。

4. 電腦軟體和資料的媒體容器 FD、CD—ROM/RAM、DVD—ROM/RAM

電腦軟體和資料的媒體容器包括FD、CD—ROM/RAM與DVD—ROM/RAM，可以記錄、儲存文字、聲音、圖像、音樂、動畫、影像等媒體，它的主要功能以提供資訊爲主，知識和娛樂爲輔。使用者可以經由電腦軟硬體與光碟機閱讀碟片內容，並可進行互動操作。

未來這類型媒體容器以DVD—ROM／RAM爲主流，因其容量比CD—ROM／RAM更大，並可重複讀寫錄製，其品質亦勝於以往。

二、媒體傳播產業之可見未來

第二部份我們要談的是媒體傳播產業可見未來中的發展，媒體傳播產業包括報紙、雜誌、收音機、廣播、電視、和網際網路五大類別。

1. 報紙

報紙以紙張紀錄文字及圖像兩種媒體，以提供資訊爲主。它的最大好處在於提供即時資訊，便於隨身攜帶。但是以現今的科技，報紙的兩大優點很容易被其他傳播工具取代，未來可接收文字、圖像之傳呼機及行動電話，將提供類似的功能。

可接收文字、圖像的傳呼機和行動電話，可以隨時提供任何資訊，在即時的速度上，遠勝於報紙，行動電話加上ＰＤＡ，還可以隨時上網，查詢最新訊息；另一方面，傳呼機或行動電話也易於攜帶，即使再加上其他接收設備如ＰＤＡ，體積也不會增加多少。

另一點優點是，當資訊記錄在ＩＣ中，內容量可以無限大，但是報紙卻有一定的版面限制，沒有辦法無限擴充；此外，在閱讀訊息方面，以網路接收資訊的好處是這種媒體傳播以超連結的方式，使訊息接收者可以隨時、隨處尋找所需資訊，想知道娛樂新聞，就可直接點選娛樂版，不需一頁一頁翻閱，要找電影資訊，可以迅速找到電影上映時間、地點，還可閱讀相關介紹。

報紙可說是媒體傳播業中最容易受影響的行業，因爲它歷史久，包袱太重，而其原有的優勢又容易被取代，因此在可預見的未來，報紙的重要性會受到衝擊。

2. 雜誌

第二種媒體傳播產業是雜誌。雜誌是資訊、娛樂、知性或感性提供的專業媒體。和報紙一樣，它是以紙張紀錄文字及圖像，定期出刊，並可隨身攜帶。但是雜誌和報紙的不同在於雜誌強調專業，而報紙只報導資訊。

雜誌未來的發展方向將和書籍類似，也可以發展成五種類型。但是雜誌以「專業」爲主，書籍則以「專題」爲主。以半導體爲例，雜誌可以定期提供半導體任何相關訊息，可能專門刊登半導體相關的文章，而一本關於半導體的書，就只是談論半導體某一重點。

3. 收音機及廣播電台

第三種媒體傳播產業——收音機及廣播電台，是以資訊、娛樂爲主。它以無線電波傳播聲音及音樂，只要有適當工具，就可隨時隨地可接收各種訊息。目前的廣播內容只限於聲音或音樂，但是未來廣播內容可增加至文字、圖像、聲音及音樂四種媒體，接收器則爲帶收音機功能之ＰＤＡ。

4. 電視及電視台

電視與電視台這種媒體傳播產業以提供大眾資訊、娛樂爲主，知性、感性爲輔。它以無線或有線方式傳播六種媒體，是目前媒體的主流，其特色是閱聽大眾必須在固定場所接收，並需按照電視台安排的節目時間與固定內容進行收視行爲。

未來電視會發展視訊隨選服務（VOD,Video on demand），藉此我們可以自由選擇任何想看的節目，也就是無論任何人（whoever）在任何時間（whenever）、任何地方（wherever）都可以選擇任何需要的資訊（whatever）。

5. 網際網路

第五種媒體傳播產業——網際網路則是以提供資訊、知性爲主，娛樂、感性爲輔。

目前的網際網路是以有線方式傳播，紀錄文字、聲音、圖像、音樂、動畫五媒體。而未來加上寬頻網際網路，則可增加第六種媒體——影像。

台灣目前已在實驗寬頻網際網路，不久的將來，隨著上網人口增加，寬頻網際網路會逐漸威脅其他現有的媒體，因爲它可傳送六種媒體，提供各種功能，諸如資訊檢索、各類通訊、經濟活動、娛樂等等。

三、跨媒體產業之熱門話題

以上我們所談的媒體儲存容器或者媒體傳播工具，都分屬不同的媒體產業，但是其間的關係並非互相干擾或取代，即使不同媒體產業的功能大部分重疊，例如報紙發行的數量，在電視出來後反而增加；有線電視台數增加，報紙銷售量更大，收音機也更多人聽；網路出現後，報紙、雜誌也持續增加。

細究其因，主要是人類用在媒體的時間和金錢增加，現在是媒體爆炸的時代，媒體容器多，傳播工具種類也多，電腦平台發展迅速，所以雖然媒體產業種類增加，人類對媒體的需求總量和即時性也相對增加。

以前，我們可以等待早報和晚報報導的最新消息，但是現在除了閱讀報紙之外，我們還希望能更迅速得到各種資訊，對即時性的要求增加，因此會進一步使用其他媒體傳播工具。

除了對媒體的需求增加，對即時性的要求變高，人類的「群性心態」使人們熱衷于參與共同話題，並期望在同中創異，因此熱門話題很容易橫跨不同的媒體產業。相反的，在各種媒體中都出現的熱門話題，轉而成爲大家的共同話題。所以當電視媒體開始報導總統選舉相關新聞時，報紙、廣播也會立刻處理，甚至雜誌、書籍、網際網路上都會形成一股討論熱潮。

媒體從業者則會利用跨媒體產業的方式來創造熱門話題。迪士尼的動畫電影不只是一部電影而已，它同時還會推出各種產品、廣告，利用跨媒體方式製造熱門話題，從中獲取更大商業利潤。所以《花木蘭》一片推出後，影片中人物的玩偶、各種相關商品，爲迪士尼創造數千萬美元的額外收入。

未來，跨媒體產業會成爲一項重要趨勢。

四、終極媒體產業

在第四章中，我們談過「未來三寶」，一是寬頻無線網路，一是多媒體筆記型電腦，以及多媒體隨身網路電腦（PDA），當這些科技產品普及，也就是媒體容器、傳播工具和處理平台都同質化之後，媒體產業的競爭將轉爲媒體內容的競爭。

現在既有的媒體容器或傳播工具重要性必然降低，因爲只要有這三種東西就可以完成各種需求，使任何人（whoever）可以在任何時候（whenever）、任何地方（wherever）得到想要的任何東西（whatever），並依照他／她想要的方式處理（however）。

所以，原先的媒體工作者會轉爲以提供內容爲主的資訊生產者角色，現在各種媒體產業是以工具來區分，未來則會變成媒體內容的競爭。

所以，未來媒體產業以媒體內容爲區分，其範疇將會變成：

1. 資訊媒體產業
2. 娛樂媒體產業
3. 知性媒體產業
4. 感性媒體產業
5. 教育媒體產業

以提供內容來區分的各種媒體產業，目前在電腦媒體業界就已經出現專門的資訊媒體公司，以資訊作爲商品，販賣給任何需要資訊者。

五、媒體產業與生活

最後我們要談的，是未來媒體發展會如何影響我們的生活。

目前人類的生活三大主要元素是：食物、屋頂、媒體。

爲了維持生命，人類需要食物，在遠古時代，生產食物是人類最重要的工作，但是現代只要全球百分之三的人口從事農業，就可以處理食物的生產、製造與銷售，供應所有人類基本所需；對大部分人而言，只要花費收入的百分之五，就可以滿足對食物的需求，因此人類生存的基本需求——食物不再是生活的重心。

現在許多人的生活轉向努力取得另一項生活所需，也就是可以遮風避雨的居住場所。因爲各種社會、經濟因素，對大部分人而言，可能終其一生孜孜不倦的工作，才能換得一間屋子，但是在可預見的未來，媒體產業將取代房地產成爲地球上最大的產業。

以後的人大部分會將金錢使用在媒體上，人類的五大活動：工作、生活、娛樂、學習、溝通都經過媒體，藉由媒體感受各種喜怒哀樂，甚至可以獲取成就感及充實生命意義。像打行動電話、收看電視、聽收音機、上網際網路等等費用加起來會超過房地產，反而會成爲最大的開銷。

以逛街爲例，目前我們要選購衣服，必須到商店專櫃，當場試穿以確定是否合身，衣料是否舒適，一件衣服的價錢，除了成本、製作費、品牌費用之外，顧客尚須負擔場地轉嫁費用。但是未來透過媒體，我們可以在電腦中輸入個人的身材尺寸，傳送給裁縫師，讓他替顧客量身剪裁合身的衣服，再從網路購買商品標籤，當衣服完成後，絕對是「全世界僅此一件」，而購買衣服的費用則包括製作費及品牌費用，這些都屬於「媒體消費」。

因爲我們所有活動都需透過媒體，因此外來媒體消費會成爲我們最大的開銷，而現在房地產業，會隨著居住形態、產業結構的轉變，費用會逐年下降，除此之外，房地產會有地域限制，而媒體產業卻可跨世界各個地區，因此媒體產業終將取代房地產成爲地球上最大的產業。

未來十年之中，媒體還會更加強大，目前媒體已幾近是全球最大產業，在此種狀況下，媒體最終的贏家則是內容（content）提供者。

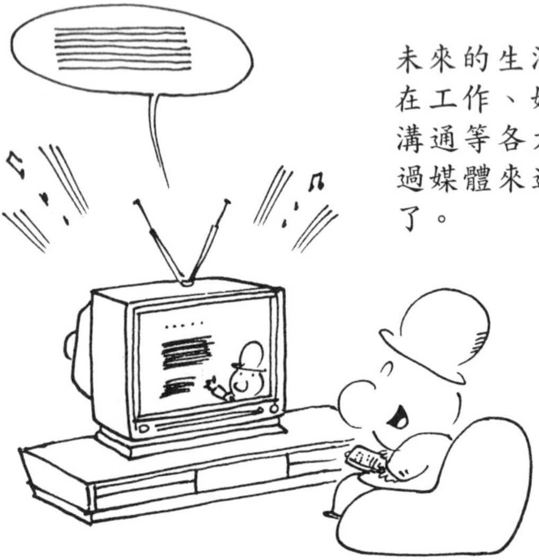

未來的生活型態，無論在工作、娛樂、學習、溝通等各方面，都得透過媒體來運作，方便多了。

可是，大部分的生活開銷，又都是繳給媒體，眞是羊毛還回給羊身上！

117 台北市羅斯福路六段142巷20弄2-3號

廣告回信
台灣北區郵政管理局登記證
北台字第10227號

大塊文化出版股份有限公司　收

地址：＿＿市／縣＿＿鄉／鎮／市／區＿＿＿路／街＿＿段＿＿巷

＿＿弄＿＿號＿＿樓

姓名：

大塊 LOCUS 文化

編號：TM 08　　書名：媒體的未來

請沿虛線撕下後對折裝訂寄回，謝謝！

大塊 LOCUS 文化

讀者回函卡

謝謝您購買這本書，爲了加強對您的服務，請您詳細塡寫本卡各欄，寄回大塊出版 (免附回郵) 即可不定期收到本公司最新的出版資訊，並享受我們提供的各種優待。

姓名：＿＿＿＿＿＿＿＿＿＿＿＿＿＿ **身分證字號**：＿＿＿＿＿＿＿＿＿＿＿＿＿＿

住址：＿＿＿＿＿＿＿＿＿＿＿＿＿＿＿＿＿＿＿＿＿＿＿＿＿＿＿＿＿＿

聯絡電話：(O)＿＿＿＿＿＿＿＿＿＿＿＿＿＿ (H)＿＿＿＿＿＿＿＿＿＿＿＿＿＿

出生日期：＿＿＿＿年＿＿＿月＿＿＿日

學歷：1.□高中及高中以下 2.□專科與大學 3.□研究所以上

職業：1.□學生 2.□資訊業 3.□工 4.□商 5.□服務業 6.□軍警公教 7.□自由業及專業 8.□其他＿＿＿＿

從何處得知本書：1.□逛書店 2.□報紙廣告 3.□雜誌廣告 4.□新聞報導 5.□親友介紹 6.□公車廣告 7.□廣播節目8.□書訊 9.□廣告信函 10.□其他＿＿＿＿＿＿

您購買過我們那些系列的書：

1.□Touch系列 2.□Mark系列 3.□Smile系列 4.□catch系列

閱讀嗜好：

1.□財經 2.□企管 3.□心理 4.□勵志 5.□社會人文 6.□自然科學 7.□傳記 8.□音樂藝術 9.□文學 10.□保健 11.□漫畫 12.□其他＿＿

對我們的建議：＿＿＿＿＿＿＿＿＿＿＿＿＿＿＿＿＿＿＿＿＿＿＿＿＿＿

＿＿＿＿＿＿＿＿＿＿＿＿＿＿＿＿＿＿＿＿＿＿＿＿＿＿＿＿＿＿＿＿＿＿＿＿

＿＿＿＿＿＿＿＿＿＿＿＿＿＿＿＿＿＿＿＿＿＿＿＿＿＿＿＿＿＿＿＿＿＿＿＿

國家圖書館出版品預行編目資料

媒體的未來 ／ 溫世仁，莊琬華著
蔡志忠繪圖.--初版.-- 臺北市：
大塊文化，1999［民 88］
面；　公分. -- (tomorrow；8)
ISBN 957-8468-80-6 (平裝)

1.大衆傳播

541.83　　　　88003579

LOCUS

LOCUS

LOCUS

LOCUS